公路隧道提质升级行动
技术指南

主编单位：福建省交通运输厅
福建省高速公路集团有限公司
交通运输部公路科学研究院
招商局重庆交通科研设计院有限公司
北京交科公路勘察设计研究院有限公司

人民交通出版社股份有限公司
China Communications Press Co.,Ltd.

图书在版编目(CIP)数据

公路隧道提质升级行动技术指南 / 福建省交通运输厅等主编. — 北京 : 人民交通出版社股份有限公司, 2019.3

ISBN 978-7-114-15366-2

Ⅰ. ①公… Ⅱ. ①福… Ⅲ. ①公路隧道—隧道维护—技术规范—指南 Ⅳ. ①U459.2-65

中国版本图书馆CIP数据核字(2019)第042032号

Gonglu Suidao Tizhi Shengji Xingdong Jishu Zhinan

书　　名：公路隧道提质升级行动技术指南
著 作 者：福建省交通运输厅
福建省高速公路集团有限公司
交通运输部公路科学研究院
招商局重庆交通科研设计院有限公司
北京交科公路勘察设计研究院有限公司
责任编辑：吴有铭　黎小东
责任校对：刘　芹
责任印制：张　凯
出版发行：人民交通出版社股份有限公司
地　　址：(100011)北京市朝阳区安定门外外馆斜街3号
网　　址：http://www.ccpress.com.cn
销售电话：(010)59757973
总 经 销：人民交通出版社股份有限公司发行部
经　　销：各地新华书店
印　　刷：北京市密东印刷有限公司
开　　本：880×1230　1/16
印　　张：5
字　　数：90千
版　　次：2019年3月　第1版
印　　次：2019年4月　第2次印刷
书　　号：ISBN 978-7-114-15366-2
定　　价：60.00元

交通运输部办公厅关于发布《公路隧道提质升级行动技术指南》的通知

交办公路〔2019〕28号

各省、自治区、直辖市、新疆生产建设兵团交通运输厅(局、委):

为有效开展公路隧道提质升级行动,保障实施效果,经交通运输部同意,现发布《公路隧道提质升级行动技术指南》(以下简称《指南》),用于公路隧道提质升级行动技术指导。各单位要注意结合实际,加强研究,提炼经验,积极与《指南》编制单位进行互动交流,发现问题及时反馈。《指南》编制单位要注意收集《指南》使用情况,加强技术指导。

联系方式:部公路局,电话:010-65292746;部公路科学研究院,电话:010-82019543、62370567(传真),邮箱:jh. liao@ rioh. cn;招商局重庆交通科研设计院有限公司,电话:023-62653437、62653128(传真),邮箱:panyong@ cmhk. com。

交通运输部办公厅

2019年3月4日

前　言

2019 年 1 月 18 日，交通运输部办公厅印发了《促进公路隧道提质升级行动方案》，决定在全国实施促进公路隧道提质升级行动，通过补齐隧道交通工程与附属设施短板、推进在役公路隧道土建结构改造等工作，推进公路隧道提质升级，更好地为公众提供安全便捷的出行服务。为落实提质升级行动要求，指导公路隧道提质升级行动的实施，交通运输部公路局组织编制了《公路隧道提质升级行动技术指南》(以下简称《指南》)。

《指南》基于现行相关标准规范规定，结合国内公路隧道实际和工程实践经验，吸收近年来公路隧道运营养护管理相关技术成果，提出了以照明、通风、交通安全设施等为重点的隧道提质升级总体实施要求、排查评估方法、技术要点，并给出了典型处治示例。《指南》鼓励各地根据实际情况因地制宜地确定提质升级方案，制定更高要求的技术规范。

请各地将使用过程中发现的问题或建议反馈至交通运输部公路局、交通运输部公路科学研究院、招商局重庆交通科研设计院有限公司，以便更好地指导公路隧道提质升级行动。

主编单位：福建省交通运输厅
福建省高速公路集团有限公司
交通运输部公路科学研究院
招商局重庆交通科研设计院有限公司
北京交科公路勘察设计研究院有限公司

主要编写人员：廖军洪　吴梦军　王增贤　涂慕溪　潘向阳　艾四芽
邬洪波　张　琦　胡玉库　何澄平　张旭冉　丁　浩
曹建华　肖维明　杨曼娟　潘　勇　唐朝阳　冯　祁
盛　刚　余　顺　张兆杰　陈铭宋　简注清

目　录

1 总则

1.1 目的

为指导实施公路隧道提质升级行动，更好地为公众提供安全便捷的出行服务，制定本指南。

1.2 适用范围

本指南适用于公路隧道提质升级行动。

1.3 实施原则

公路隧道提质升级应按照重点突出、因隧制宜、功能适用、分类施策的原则，结合隧道运行实际情况和当地经济社会发展状况，采取针对性的工程技术措施。

1.4 实施目标

通过公路隧道提质升级，实现照明和通风设施功能完备、运行可靠，交通安全设施设置完善，土建结构安全可控的目标。

2 总体要求

2.1 一般规定

1 应根据本指南提出的检查清单，对在役公路隧道交通工程与附属设施、土建结构病害进行排查评估。对于交通安全设施、照明设施和通风设施，应按本指南检查项目清单检查是否缺项及既有设施是否满足清单中的技术要求。对于其他交通工程与附属设施，应核查既有设施是否满足本指南检查项目清单的技术要求。根据排查评估结果确定提质升级内容并组织实施。

2 照明设施、通风设施排查评估与设置时，交通量可根据情况采用未来5年预测交通量或现状交通量，确定方法如下：

(1)有近3年交通量数据时，可根据近3年交通量变化趋势外推未来5年交通量。

(2)可结合路网和经济条件采用弹性系数法等方法确定未来5年交通量。

(3)交通量数据不足3年时，可采用上一年度年平均日交通量。

(4)无交通量统计数据时，可采用类似公路上一年度年平均日交通量或高峰小时60min观测交通量。

3 土建结构病害处治应满足以下要求：

(1)对当前定期检查周期内已评定为4、5类的隧道，根据结构病害特征进行土建结构病害处治；评定为3类的隧道，应按本指南检查清单进行复查，并对土建结构技术状况进行再次评定。

(2)对当前定期检查周期内尚未进行检查的隧道，应按本指南检查清单开展隧道土建结构检查，并对土建结构技术状况进行评定。

(3)对于土建结构技术状况评定为4、5类的隧道，确定需要处治的病害项目，分析问题，查明原因，采取针对性处治措施修复破损结构、消除结构病害。

(4)对于隧道路面抗滑性能不满足本指南技术要求的，应进行路面抗滑处治。

4 施工期间应加强施工安全保障措施和交通组织，降低施工对路网运行的影响。

5 在满足安全和使用功能的条件下，鼓励采用经过充分论证的新技术、新材料、新工艺、新产品。

6 本指南中含有“应”的表述为基本要求，正常情况均应满足，如有不具备执行条件、实施后可能出现新的问题等特殊情况，应由管养单位组织进行专家论证报上级主管部门同意后可不执行。表述中含有“宜”“鼓励”的为推荐性建议，可结合隧道实际情况，综合考虑功能需求、实施条件、经济水平等因素，自行采用。

2.2 实施步骤与要求

1 排查与评估

收集隧道现状交通量、技术指标等数据资料，核查隧道交通工程与附属设施设置现状和土建结构病害情况，根据本指南要求开展隧道排查与评估，建立隧道提质升级清单。

2 制定方案

根据排查与评估结果，提出提质升级方案，制订实施计划，明确提质升级规模、实施范围、资金需求、各阶段时间节点等。

3 组织实施

结合提质升级方案，针对隧道实际情况，完成工程设计。根据相关技术标准和管理规定组织施工，确保工程质量。

4 验收

工程完成后应进行验收，验收不合格的项目必须整改。

5 总结

对提质升级实施情况进行总结，对照工作目标，总结完成情况、实施经验和实施效果，分析存在问题，提出相关建议。

2.3 项目管理

1 管养单位应组织对排查评估结果、提质升级方案和设计文件进行审查。

2 排查评估工作鼓励由有经验的单位承担；检测、设计、施工应由有经验和相应资质的单位承担。

3 管养单位应加强提质升级实施过程中的工程质量和安全管理工作。

4 提质升级工程完成后，管养单位应负责组织验收。

3 排查评估方法

3.1 交通安全设施

1 隧道内和洞口外隧道相关交通标志、标线、轮廓标、视线诱导标等设施，在车辆正常行驶条件下应清晰可见、线形诱导连续，无缺损、遮挡、明显集灰或油污，轮廓标应保证视线上的一致性和连续性。

2 隧道交通标志、标线、轮廓标、护栏等交通安全设施检查项目、排查方法和技术要求详见表3.1。

表3.1 交通安全设施检查项目清单

<table>
<tr><th>序号</th><th colspan="2">检查项目</th><th>排查方法</th><th>技术要求</th></tr>
<tr><td>1</td><td rowspan="8">标志</td><td>限制速度标志</td><td rowspan="8">现场检查</td><td>隧道入口前应设置限制速度标志，宜在入口前100～200m处设置</td></tr>
<tr><td>2</td><td>隧道信息标志</td><td rowspan="2">1）隧道入口前应设置隧道开车灯标志，如附录A图A.0.1-1所示。
2）长度大于500m的隧道，应设置隧道信息标志，如附录A图A.0.1-2所示。
3）隧道信息标志可以和隧道开车灯标志合并设置，如附录A图A.0.1-2所示</td></tr>
<tr><td>3</td><td>隧道开车灯标志</td></tr>
<tr><td>4</td><td>禁止超车标志</td><td>隧道内禁止超车时，隧道入口前宜设置禁止超车标志，版面样式如附录A图A.0.1-3所示。公路中心线和车道线为实线时可不设此标志</td></tr>
<tr><td>5</td><td>解除禁止超车标志</td><td>解除禁止超车标志应与禁止超车标志成对使用，版面样式如附录A图A.0.1-4所示</td></tr>
<tr><td>6</td><td>紧急电话指示标志</td><td>1）设有紧急电话设施的隧道应设置紧急电话指示标志，版面样式如附录A图A.0.1-5所示。
2）紧急电话指示标志应设置于紧急电话上方</td></tr>
<tr><td>7</td><td>消防设备指示标志</td><td>1）隧道内应设置消防设备指示标志，版面样式如附录A图A.0.1-6所示。
2）消防设备指示标志应设置于消防设备箱上方</td></tr>
</table>

续上表

序号	检查项目		排查方法	技术要求
8	标志	人行横通道指示标志	现场检查	1)设有人行横通道的公路隧道应设置人行横通道指示标志，版面样式如附录A图A.0.1-7所示。 2)人行横通道指示标志应设置于人行横通道顶部
9		车行横通道指示标志		1)设有车行横通道的公路隧道应设置车行横通道指示标志，版面如附录A图A.0.1-8所示。 2)车行横通道指示标志应设置于车行横通道洞口右侧处，底部与检修道顶面高差不小于2.5m
10		疏散指示标志		1)长度大于500m的隧道内应设置疏散指示标志，版面如附录A图A.0.1-9所示。 2)疏散指示标志应设置于隧道两侧墙上，底部与检修道顶面高差应不大于1.3m，间距应不大于50m
11		紧急停车带标志		1)设有紧急停车带的公路隧道应设置紧急停车带标志，版面样式如附录A图A.0.1-10所示。 2)紧急停车带标志应设置于紧急停车带入口前5m左右，底部与路面边缘高差不应小于2.5m
12		紧急停车带位置提示标志		隧道内紧急停车带处应设置紧急停车带位置提示标志，版面样式如附录A图A.0.1-11所示
13		线形诱导标		1)设置线形诱导标时，应设于隧道侧壁，诱导标底部与路面边缘高差应为1.2～1.5m。 2)设置线形诱导标时，应保证驾驶人在曲线范围内能同时看到不少于3块线形诱导标
14	标线	车行道边缘线	现场检查	隧道应设置车行道边缘线，宽度应满足附录A表A.0.1中设计速度对应的宽度要求
15		车行道分界线		1)隧道入口前150m范围应设置禁止跨越同向车行道分界线，线宽与车行道分界线一致。隧道出口后100m范围内应设置禁止跨越同向车行道分界线。 2)车行道分界线宽度应满足附录A表A.0.1中设计速度对应的宽度要求。 3)隧道内禁止超车时，车行道分界线应采用实线
16		立面标记		1)隧道入口洞门应设置立面标记。 2)立面标记应从检修道顶面开始，涂至距路面2.5m以上高度。 3)立面标记为黄黑相间的倾斜线条，倾角为45°，线宽为15cm，线条向下倾斜的一侧朝向车行道
17		导流线		隧道入口宽度窄于路基或桥梁时，隧道入口前不少于50m范围的右侧硬路肩内应设置导流线

续上表

序号	检查项目	排查方法	技术要求
18	轮廓标	现场检查	1)隧道侧壁应设置双向反光轮廓标，并在公路前进方向左、右侧对称设置。 2)隧道内设有高出路面的检修道时，在检修道顶部靠近车行道方向的端部或检修道侧壁应设置轮廓标，设置高度保持一致
19	入口防护和过渡	现场检查	隧道入口防护和过渡应满足《交通运输部办公厅关于开展公路隧道入口段行车安全状况自查自纠工作的通知》(交办公路函〔2017〕1657号)相关要求

3.2 照明设施

照明设施检查项目、测试方法和技术要求如表3.2所示。

表3.2 照明设施检查项目清单

序号	检查项目	测试方法	技术要求
1	设施完备性	现场检查	符合附录B.1.1要求
2	入口段、过渡段、中间段、出口段路面亮度	亮度计、照度计检测	1)各段路面亮度应符合附录B.1.2技术指标要求。 2)隧道内照明亮度测量方法详见附录B.1.3
3	路面亮度总均匀度、路面中线亮度纵向均匀度	亮度计检测、计算	路面亮度总均匀度、路面中线亮度纵向均匀度应符合附录B.1.2技术指标要求
4	照明控制	实际操作	应具有自动控制、手动控制模式，功能正常
5	应急照明	实际操作	应急照明双电源回路中，模拟主供电路断电，应自动切换到备用供电线路上
6	灯具本体及灯具安装牢固度	观察是否松动、有无灯具面板掉落	牢固，无松动
7	灯罩外清洁度	现场检查	无明显集灰及油污

注：自动控制可采用以下三种方式之一或组合：一是检测洞口内外亮度值，经计算处理后，控制照明工况；二是根据洞内外亮度、时间、交通量、平均车速、供电电压、天气条件等控制参数，并结合光源特性制订控制方案，控制照明工况；三是按时间区间预先编制程序调控照明亮度。

3.3 通风设施

通风设施检查项目、测试方法和技术要求如表3.3所示。

表 3.3 通风设施检查项目清单

<table>
<tr><th>序号</th><th>设施名称</th><th>检查项目</th><th>测试方法</th><th>技术要求</th></tr>
<tr><td>1</td><td>—</td><td>设施完备性</td><td>现场检查</td><td>符合附录 B.2.1 要求</td></tr>
<tr><td>2</td><td>—</td><td>隧道火灾临界风速</td><td>风速仪实测</td><td>符合附录 B.2.2 技术指标要求</td></tr>
<tr><td>3</td><td rowspan="2">射流风机</td><td>风机本体及外观质量</td><td>实际操作</td><td>无松动，运转无异响，涂装无剥离</td></tr>
<tr><td>4</td><td>运行方式</td><td>实际操作</td><td>1)采用机械通风的隧道风机应具有手动控制功能。
2)防烟与排烟系统应设置自动控制和手动控制装置，应具有现场控制、远程控制功能；手动控制装置应设置在安全且便于操作的地方，并应有明显的标志和保护措施。
3)风机控制装置可控制风机的启动、停止及运转方向。
4)具有自动控制模式功能的，应能够进行自动控制</td></tr>
<tr><td>5</td><td rowspan="3">轴流风机</td><td>风机本体及外观质量</td><td>实际操作</td><td>无松动，运转无异响，涂装无剥离</td></tr>
<tr><td>6</td><td>运行方式</td><td>实际操作</td><td>1)应具有手动控制功能。
2)防烟与排烟系统应设置自动控制和手动控制装置，应具有现场控制、远程控制功能；手动控制装置应设置在安全且便于操作的地方，并应有明显的标志和保护措施。
3)风机控制装置可控制风机的启动、停止。
4)具有自动控制模式功能的，应能够进行自动控制</td></tr>
<tr><td>7</td><td>风阀</td><td>实际操作</td><td>能远程进行开启、关闭</td></tr>
</table>

注：自动控制可采用以下三种控制方法之一或组合：一是检测隧道内的能见度、CO 浓度和风速风向，控制风机运转；二是根据检测的交通量数据，实时了解隧道内交通量、行车速度、车辆构成等，通过交通流状况分析并计算出车辆排放量，控制风机运转；三是按时间区间预先编制程序控制风机运转。

3.4 其他交通工程与附属设施

应核查隧道既有设施是否满足本指南检查项目清单的技术要求。

3.4.1 交通监控设施

核查摄像机、车道指示器、可变信息标志等交通监控设施的有效性，检查项目、测试方法和技术要求如表 3.4.1 所示。

表 3.4.1 交通监控设施检查项目清单

序号	设施名称	检查项目	测试方法	技术要求
1	摄像机	外观质量	现场检查	设施完整，支撑稳固，无明显斜歪
2		洞外摄像机控制	实际操作	具有光圈自动调节、变焦镜头、云台、全天候防护罩，运转顺畅，响应正确
3		视频图像质量	实际操作	视频图像清晰、完整，无损伤
4		视频图像存储有效性	实际操作	视频数据保存时间不少于 30 天
5	车道指示器	外观质量	现场检查	设施完整，支架安装牢固，无明显斜歪
6		显示功能	现场检查	双面红“×”及绿“↓”，显示清晰，动态视认距离应不小于 200m
7		信号控制功能	实际操作	发出指令后，响应正确
8	可变信息标志	外观质量	现场检查	设施完整，立柱、支架安装牢固，无明显斜歪
9		显示功能	实际操作	发出指令后，响应正确，动态视认距离应不小于 200m

3.4.2 紧急呼叫设施

核查紧急电话和隧道广播等紧急呼叫设施的有效性，检查项目、测试方法和技术要求如表 3.4.2 所示。

表 3.4.2 紧急呼叫设施检查项目清单

序号	设施名称	检查项目	测试方法	技术要求
1	紧急电话	外观质量	现场检查	机箱外部完整
2		语音通话功能	实际操作	话音清晰，音量适中，无噪声，无断字等缺陷
3		呼叫功能	实际操作	响应无延迟
4		故障报告功能	实际操作	中心可显示设备故障信息
5		录音功能	实际操作	控制台有自动录音功能
6		语音提示功能	实际操作	呼叫后，话机有等待信号或提示音
7		地址码显示功能	实际操作	控制台显示呼叫位置
8	隧道广播	外观质量	观察是否松动	支撑稳固，无松动，外观完整，无损伤
9		广播声音质量	现场测试	现场声音清晰，无断字等缺陷

3.4.3 火灾探测报警设施

核查火灾探测器、手动报警按钮等火灾探测报警设施的有效性，检查项目、测试方法和技术要求如表 3.4.3 所示。

表 3.4.3 火灾探测报警设施检查项目清单

序号	设施名称	检查项目	测试方法	技术要求
1	火灾探测器	覆盖范围	现场检查	探测范围应覆盖所有报警区域，无探测盲区
2		外观质量	现场检查	外观完整，探测器支撑稳固，无松动，无损伤
3	手动报警按钮	外观质量	观察是否松动	外观完整，无损伤，安装基础稳定
4		报警功能	实际操作	报警信号可传到火灾报警控制器
5	火灾声光报警器	外观质量	观察是否松动	支撑稳固，无松动，外观完整，无损伤
6		报警音量	现场检查	现场报警声音清晰

3.4.4 消防设施与通道

核查消防水池、消防水泵、消火栓及配套设施、灭火器、防火门、防火卷帘等消防设施与通道的有效性，检查项目、测试方法和技术要求如表 3.4.4 所示。

表 3.4.4 消防设施与通道检查项目清单

序号	设施名称	检查项目	测试方法	技术要求
1	消防水池	蓄水量	现场检查	满足消防用水蓄水位
2	消火栓	消火栓配套设施	实际操作	箱体、标识完整清楚；阀门启闭灵活无漏水；栓头接头无锈损
3		水柱长度	实际操作	隧道内最不利点处消火栓的水枪充实水柱长度应不小于 10m
4	固定式水成膜泡沫灭火装置	功能要求	实际操作	1）外观完整，无损伤，在有效期内。 2）隧道内最不利点处水成膜泡沫灭火装置喷射距离应不小于 6m，喷射时间应不小于 20min
5	消防水泵	消防水泵控制	实际操作	控制箱标示完整清楚；按钮操作正常；水泵启停运转正常
6	灭火器	功能要求	现场检查	1）灭火器箱内应不少于 2 具灭火器。 2）灭火器应外观完整，无损伤，在有效期内，压力正常
7	防火门	外观质量	现场检查	外观完整，无破损，安装稳固
8		功能要求	实际操作	防火门两侧应能朝疏散方向开启，同时打开后应能自行恢复至关闭状态
9	防火卷帘	外观质量	现场检查	外观完整，无破损，安装稳固
10		功能要求	实际操作	防火卷帘具备现场和远程控制开闭功能

注：隧道内最不利点为独立供水分区内高程最高点或距供水出口最远点。

3.4.5 供配电设施

核查应急电源的有效性，检查项目、测试方法和技术要求如表 3.4.5 所示。

表 3.4.5 供配电设施检查项目清单

序号	检查项目	测试方法	技术要求
1	应急电源设备备电时间测试	实际操作	供电电路停电后，应急电源设备供电时间不小于30min
2	应急电源设备切换测试	实际操作	应急电源切换过程中，相应设施工作正常
3	电缆桥架	现场检查	外表无变形、断开，电缆桥架无脱落

3.5 土建结构

3.5.1 土建结构检查项目

评定土建结构技术状况，应首先按照表3.5.1进行检查。

表 3.5.1 土建结构检查项目清单

序号	项目名称	检查内容
1	洞口	山体滑坡、岩石崩塌的征兆及其发展趋势；边坡、碎落台、护坡道的缺口、冲沟、潜流涌水、沉陷、塌落等及其发展趋势
2		护坡、挡土墙的裂缝、断缝、倾斜、鼓肚、滑动、下沉位置、范围及其程度，有无表面风化、泄水孔堵塞、墙后积水、地基错台、空隙等现象及其程度
3	洞门	墙身裂缝的位置、宽度、长度、范围或程度
4		结构倾斜、沉陷、断裂范围、变位量、发展趋势
5		洞门与洞身连接处环向裂缝开展情况、外倾趋势
6		混凝土起层、剥落的范围和深度，钢筋有无外露、受到锈蚀
7		墙背填料流失范围和程度
8	衬砌	衬砌裂缝的位置、宽度、长度、范围或程度，墙身施工缝开裂宽度、错位量
9		衬砌表层起层、剥落的范围和深度
10		衬砌渗漏水的位置、水量、浑浊、冻结状况
11	路面	路面拱起、沉陷、错台、开裂以及溜滑、磨耗的范围和程度；路面积水、结冰等范围和程度
12	检修道	检修道毁坏、盖板缺损的位置和状况；栏杆变形、锈蚀、缺损等的位置和状况
13	排水系统	结构缺损程度，中央窨井盖、边沟盖板等完好程度，沟管开裂漏水状况；排水沟(管)、积水井等淤积堵塞、沉沙、滞水、结冰等状况
14	吊顶及各种预埋件	吊顶板变形、缺损的位置和程度；吊杆等预埋件是否完好、有无锈蚀、脱落等危及安全的现象及其程度；漏水(挂冰)范围及程度
15	内装饰	表面脏污、缺损的范围和程度；装饰板变形、缺损的范围和程度等

3.5.2 技术状况评定方法

1 土建结构技术状况评定应根据检查资料，综合考虑洞门、结构及路面等各方面的影响，确定隧道的技术状况等级。

2 土建结构技术状况评定分为1类、2类、3类、4类和5类，评定类别描述如表3.5.2-1所示。评定应先逐洞、逐段地对隧道土建结构各分项技术状况进行状况值评定，在此基础上确定各分项技术状况，再进行土建结构技术状况评定。评定结果应填入“土建结构技术状况评定表”（附录C表C.0.1-10）。

表3.5.2-1 隧道土建结构技术状况评定类别

技术状况评定类别	评定类别描述
1类	完好状态。无异常情况，或异常情况轻微，对交通安全无影响
2类	轻微破损。存在轻微破损，现阶段趋于稳定，对交通安全不会有影响
3类	中等破损。存在破坏，发展缓慢，可能会影响行人、行车安全
4类	严重破损。存在较严重破坏，发展较快，将会影响行人、行车安全
5类	危险状态。存在严重破坏，发展迅速，已危及行人、行车安全

3 隧道洞口、洞门、衬砌破损、衬砌渗漏水、路面、检修道、排水设施、吊顶及预埋件、内装饰等各分项状况评定标准应按附录C表C.0.1-1～表C.0.1-9执行。

4 土建结构技术状况评定方法应符合下列规定。

(1)土建结构技术状况评分应按式(3.5.2-1)计算。

$$JGCI = 100 \times \left[1 - \frac{1}{4}\sum_{i=1}^{n}\left(JGCI_i \times \frac{w_i}{\sum_{i=1}^{n} w_i}\right)\right] \qquad (3.5.2\text{-}1)$$

式中：w_i——分项权重；

$JGCI_i$——分项状况值，值域0～4。

(2)分项状况值应按式(3.5.2-2)计算。

$$JGCI_i = \max(JGCI_{ij}) \qquad (3.5.2\text{-}2)$$

式中：$JGCI_{ij}$——各分项检查段落状况值；

j——检查段落号，按实际分段数量取值。

(3)土建结构各分项目权重宜按表3.5.2-2取值。

表 3.5.2-2　土建结构各分项权重表

分　项		分项权重 w_i	分　项	分项权重 w_i
洞口		15	检修道	2
洞门		5	排水设施	6
衬砌	结构破损	40	吊顶及预埋件	10
	渗漏水		内装饰	2
路面		15	交通标志、标线	5

注：1. 隧道结构各分项目权重也可根据本隧道的环境条件和养护要求，采用专家评估法等并经过评审修订；

2. 当隧道有缺项时，可将该项权重值视为 0，并将其数值分摊到其余项目中，总分数维持百分制不变。

(4) 土建结构技术状况评定分类界限值宜按表 3.5.2-3 规定执行。

表 3.5.2-3　土建结构技术状况评定分类界限值

技术状况评分	土建结构技术状况评定分类				
	1 类	2 类	3 类	4 类	5 类
JGCI	≥85	≥70，<85	≥55，<70	≥40，<55	<40

(5) 土建结构技术状况评定，当洞口、洞门、衬砌结构、路面和洞顶各种预埋件等重要项目的评定状况值达到 3 或 4 时，对应土建结构技术状况应直接评为 4 类或 5 类。

5　在公路隧道技术状况评定中，有下列情况之一时，隧道土建技术状况评定应评为 5 类隧道：

(1) 隧道洞口边仰坡不稳定，出现严重的边坡滑动、落石等现象。

(2) 隧道洞门结构大范围开裂、砌体断裂、脱落现象严重，可能危及行车道内的通行安全。

(3) 隧道拱部衬砌出现大范围开裂、结构性裂缝深度贯穿衬砌混凝土。

(4) 隧道衬砌结构发生明显的永久变形，且有危及结构安全和行车安全的趋势。

(5) 地下水大规模涌流、喷射，路面出现涌泥沙或大面积严重积水等威胁交通安全的现象。

(6) 隧道路面发生严重隆起，路面板严重错台、断裂，严重影响行车安全。

(7) 隧道洞顶各种预埋件和悬吊件严重锈蚀或断裂，各种桥架和挂件出现严重变形或脱落。

3.5.3　路面抗滑性能技术要求

隧道路面抗滑性能应满足下列要求：

(1) 当洞内采用水泥混凝土路面而洞外采用沥青路面时，高速公路和一级公路的长隧道、特长隧道，洞内一段路面应与洞外路段保持一致，其长度不小于现行《公路隧道照明设计细则》(JTG/T D70/2-01)对隧道照明入口段和过渡段的长度规定，且不小于300m。

(2)高速公路和一级公路隧道沥青混凝土路面横向力系数(*SFC*)应大于或等于40；二级和二级以下公路隧道沥青混凝土路面横向力系数(*SFC*)应大于或等于35.5。

(3)高速公路和一级公路隧道水泥混凝土路面抗滑性能指数(*SRI*)评价等级应为优或良(*SRI*≥80)；二级和二级以下公路隧道水泥混凝土路面抗滑性能指数(*SRI*)评价等级应为优、良或中(*SRI*≥70)。

4　交通安全设施提质升级技术要点

1　根据检查项目清单和实地驾驶排查评估结果，交通安全设施提质升级主要技术要点如下：

(1)应按本指南检查项目清单技术要求核查增补交通安全设施。

(2)功能缺失或损坏的设施按现行规范修复或更换。明显油污的标志、标线和轮廓标应清洁处理。

(3)交通标志间应不相互遮挡，标志信息应清晰、明确简洁，标志间信息应不重复，同一位置应不出现新旧版面同时设置情况。

(4)标志版面颜色、文字、符号、图形、边框满足建设时期标准的可维持现状，设置位置不满足检查项目清单技术要求时应调整。新增标志应满足检查项目清单技术要求。

(5)疏散指示标志的指示距离应为标志设置位置与相邻人行通道的距离。

(6)紧急停车带位置提示标志宜设置在紧急停车带侧壁。

(7)线形诱导标增设时，应采用黄底黑图案、无边框，设置于曲线外侧，至少设置3块。

(8)交通标线不满足本指南技术要求，存在磨损、明显集灰或油污、颜色、尺寸、施划位置或方向等问题时，应按检查项目清单要求完善。

(9)隧道洞口导流线的设置长度宜不小于3s的设计速度行程且不小于50m。

(10)轮廓标设置与检查项目清单技术要求不符的，应按照技术要求进行更换或调整，设置间距不宜小于10m，不宜大于15m。

(11)隧道入口护栏过渡段满足《公路交通安全设施设计规范》(JTG D81—2006)规定且未发生过因车辆撞击隧道洞口导致重特大交通事故的，可根据实际采取措施。

2　建议根据隧道实际情况，优化交通安全设施设置，进一步提升设施使用性能，鼓励因地制宜地采取以下(包括但不限于)措施：

(1)隧道内更换或增设紧急电话指示标志、消防设备指示标志、疏散指示标志、人行横通道指示标志和车行横通道指示标志时，采用电光标志。

(2)隧道出口波形梁护栏与隧道侧壁搭接。

(3)特长隧道、长隧道以及无照明的二级及二级以下公路隧道，按不小于100m间距设置反光隧道轮廓带。

(4)隧道内车行道边缘线采用振动标线。

(5)隧道洞口过渡段可施划抗滑横向振动减速标线、纵向视觉减速标线。

(6)位于连续下坡路段或视距不良的隧道洞口设置彩色防滑路面。

(7)单洞双向双车道公路隧道禁止超车标线采用振动标线。

(8)隧道入口洞门立面标记采用反光膜粘贴形式全洞门设置。

(9)对于相邻隧道间距小于6s设计速度行程的隧道群路段，应作为整体进行交通安全设施设置。宜在第一个隧道入口前按检查项目清单技术要求设置相关标志，在隧道群路段结束后设置相应的解除限制速度标志(或设置新的限制速度标志)、解除禁止超车等标志，隧道群内其他隧道入口宜设置限制速度标志。

(10)隧道出口距离互通立交出口或平面交叉较近时，宜在隧道入口前加强互通立交出口和平面交叉预告，提醒驾驶人提前选择车道，必要时在隧道内设置互通立交出口预告标志、指示出口地点的路面文字标记等，宜将隧道限速区段延伸至互通立交或平面交叉下游。

5 照明设施提质升级技术要点

根据检查项目清单排查评估结果，照明设施提质升级主要技术要点如下：

(1)根据本指南附录 B. 1. 1 的技术要求，增补照明设施。

(2)隧道路面亮度、路面亮度总均匀度、路面中线亮度纵向均匀度技术指标可按照本指南选取、计算。

①隧道基础数据调研：包括隧道等级、隧道长度、设计速度、车道数、年平均日交通量或高峰小时交通量等。

②照明指标参数选取。

a. 依据表 B. 1. 2-1 可查隧道入口段亮度折减系数 k。

b. 依据表 B. 1. 2-2 可查隧道洞外亮度 L_{20}(S)取值。

c. 依据表 B. 1. 2-3 可查隧道中间段平均亮度 L_{in}。

d. 依据表 B. 1. 2-4 可查路面亮度总均匀度 U_0。

e. 依据表 B. 1. 2-5 可查路面中线亮度纵向均匀度 U_1。

③照明亮度计算。

a. 中间段亮度：可根据表 B. 1. 2-3 确定中间段亮度需求值。

b. 入口段亮度：宜划分为 TH_1、TH_2 两个照明段，与之对应的亮度应分别按式(B. 1. 2-1)和式(B. 1. 2-2)计算。

c. 过渡段亮度：宜划分为 TR_1、TR_2、TR_3 三个照明段，与之对应的亮度应按式(B. 1. 2-3) ~ 式(B. 1. 2-5)计算。长度 $L \leq 300$m 的隧道，可不设置过渡段加强照明；长度 300m < $L \leq 500$m 的隧道，当在过渡段 TR_1 能完全看到隧道出口时，可不设置过渡段 TR_2、TR_3 加强照明；当 TR_3 的亮度 L_{tr3}不大于中间段亮度 L_{in}的 2 倍时，可不设置过渡段 TR_3 加强照明。

d. 出口段亮度：宜划分为 EX_1、EX_2 两个照明段，每段长度宜取 30m，与之对应的亮度应按式(B. 1. 2-6)和式(B. 1. 2-7)计算；长度 $L \leq 300$m 的直线隧道可不设置出口段加强照明；长度 300m < $L \leq 500$m 的直线隧道可仅设置 EX_2 出口段加强照明。

(3)应依次对入口段、过渡段、基本段、出口段照明亮度进行检测，各照明段需对不同照明回路进行检测，检测方法详见 B. 1. 3。

(4)路面亮度总均匀度和路面中线亮度纵向均匀度分别可按式(B.1.2-8)和式(B.1.2-9)计算。

(5)路面亮度、路面亮度总均匀度、路面中线亮度纵向均匀度指标不能达到技术要求的，可采用以下方式：①清洁灯具，清洗隧道侧壁；②调整灯具角度；③更换光源或灯具；④侧墙敷设反光材料，包括装饰板、瓷砖、高反光系数涂料等；⑤增设灯具。灯具安装断面示意如图5.0.1所示。

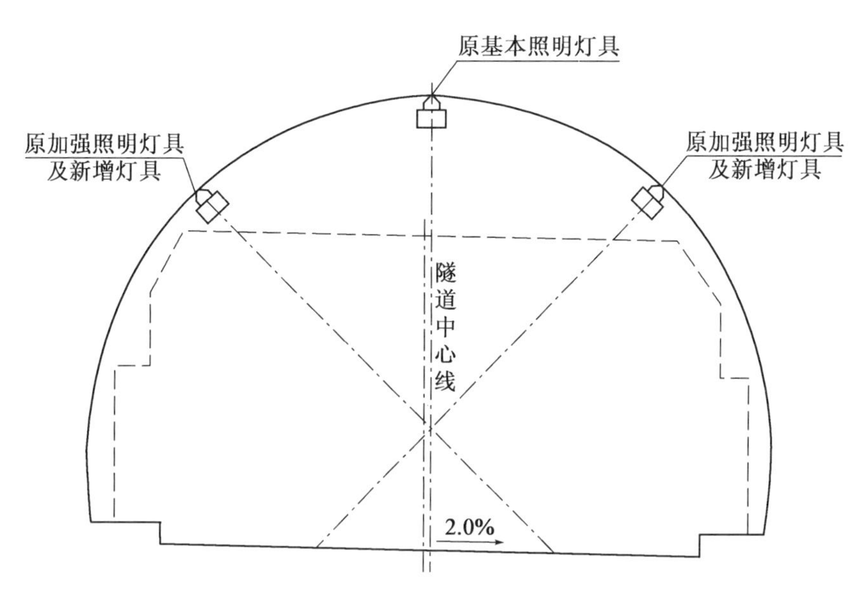

图5.0.1　灯具安装断面示意图

(6)存在松动、明显集灰或油污的照明灯具应固定、清洁。

(7)损坏或闪烁的灯具应维修或更换。

(8)自动控制、手动控制功能失效的照明系统，应检查开关元件、区域控制器、线缆、软件等是否存在异常并进行修复。

(9)应急照明供电回路自动切换失效的照明系统，应检查开关元件、应急电源、线缆等是否存在异常并进行修复。

(10)鼓励在以下路段设置洞外引道照明：①隧道外引道曲线半径小于一般值的路段；②隧道设夜间照明且处于无照明路段的洞外引道；③隧道与桥梁连接处、连续隧道间的路段。

6 通风设施提质升级技术要点

根据检查项目清单排查评估结果，通风设施提质升级主要技术要点如下：

(1)根据本指南附录 B. 2. 1 的技术要求，增补通风设施。

(2)根据公路隧道长度、隧道等级、通行方式，确定隧道火灾最大热释放率，再根据隧道的排烟模式和表 B. 2. 2-2 确定隧道火灾临界风速。

(3)隧道内风速测量方法详见附录 B. 2. 3。

(4)风速达不到检查项目清单技术要求的，可更换出口风速、风量及推力更大的通风设施。

(5)风机安装不牢固，应检查焊缝是否开裂、安装螺栓是否松动等并修复完善。

(6)风机运行异响，应检查风机叶片是否损伤、叶片与机壳是否有摩擦、电机运行是否异常等并修复完善。

(7)通风设施手动/自动控制失效，应检查线缆、区域控制器、软件等是否存在异常并修复完善。

(8)鼓励采用具有自动控制功能的通风设施，根据隧道内能见度、CO 浓度、风速风向等控制风机运转。

7　其他交通工程与附属设施提质升级技术要点

7.1　交通监控设施

根据检查项目清单排查评估结果，交通监控设施提质升级主要技术要点如下：

(1)摄像机、车道指示器、可变信息标志外观质量不满足检查项目清单技术要求，应进行维修，更换已破损支架，重新安装固定发生斜歪的支架。

(2)摄像机控制功能失效、视频图像异常，应检查线缆、光端机、交换机、视频存储服务器、软件等是否存在异常并修复完善。

(3)视频存储容量及有效性不满足技术要求，应增加视频存储容量、完善存储介质有效性。

(4)车道指示器、可变信息标志显示功能和控制功能失效，应检查相应设施功能模块、线缆、控制器、应用软件等是否存在异常并修复完善。

7.2　紧急呼叫设施

根据检查项目清单排查评估结果，紧急呼叫设施提质升级主要技术要点如下：

(1)紧急电话、隧道广播外观质量达不到检查项目清单技术要求，应更换机箱，重新安装固定支架。

(2)紧急电话、隧道广播有故障或功能指标达不到检查项目清单技术要求，应检查线缆、报警主机、应用软件等是否存在异常并修复完善。

(3)鼓励隧道移动电话信号全覆盖，以满足紧急呼叫通信需求。

7.3　火灾探测报警设施

根据检查项目清单排查评估结果，火灾探测器、手动报警按钮以及火灾声光报警器有故障、技术指标达不到检查项目清单技术要求，应检查线缆、火灾报警控制器、应用软件等是否存在异常并修复完善。

7.4 消防设施与通道

根据检查项目清单排查评估结果，消防设施与通道提质升级主要技术要点如下：

(1)消防水池蓄水量不足，应注水，同时检查水池是否有渗水、漏水。

(2)消火栓、固定式水成膜泡沫灭火装置达不到检查项目清单技术要求的，应修复完善。

(3)灭火器破损、压力异常、过期等，应更换。

(4)防火门、防火卷帘破损、安装不牢固，应维修完善。

(5)防火卷帘现场控制、远程控制功能失效，应检查开关元件、控制器、线缆、软件等是否存在异常，存在异常的应修复完善。

7.5 供配电设施

根据检查项目清单排查评估结果，应急电源、电缆桥架技术指标达不到技术要求的，应修复完善。

8　土建结构病害处治技术要点

8.1　处治方案技术要求

对于土建结构技术状况评定为4、5类的隧道，应进行土建结构病害处治，处治方案应满足下列要求：

(1)病害处治方案原则上不应降低隧道原有技术标准。

(2)应按照“安全、经济、快速、合理”的原则，进行多方案技术、经济比选确定。

(3)处治设计应以专项检测或评估为依据，综合考虑隧道病害状况、地形、地质、生态环境及运营和施工条件，合理确定处治方案。处治方案可由一种或多种处治方法组成。

(4)应尽量减少施工对隧道正常运营的影响，不能中断交通时应制订保通方案和应急预案，并在施工中加强监测。

(5)应采取相应措施减小处治施工对既有结构、排水设施、机电设施及附属设施的不良影响。

(6)病害处治工程施工完毕后，被处治段落各分项状况值应达到0或1。

(7)对病害严重、成因复杂的隧道，隧道处治完成后，宜进行运营期健康监测。

8.2　病害处治方法

8.2.1　洞口病害处治

1　洞口病害处治主要是对洞口边仰坡及洞口安全影响区出现病害时的处治。

2　洞口边仰坡处治方法如下：

(1)洞口边仰坡病害主要有坡面破损、局部垮塌和坡体失稳等。

(2)应根据坡体破坏原因、破坏程度、地质、地形、坡率及环境条件选择处治方法，可采用清方、坡体锚固、坡面防护、支挡、接长明洞等措施。

(3)坡面防护可选择植物、骨架植物、圬工等防护形式，应首选生态防护，局部受损坡面修复和处治后，景观效果宜与周边环境相协调。

(4)地震多发区的隧道洞口应控制边仰坡高度，不宜设置重力式支挡结构物，洞口可采取接长明洞、棚洞等措施，新建洞门墙宜采用轻型钢筋混凝土结构。

3　洞口安全影响区处治方法如下：

(1)洞口安全影响区处治适用于有落石、滚石、崩塌、滑坡、泥石流、雪崩、水害等危及洞口安全的病害处治，相应的处治方法可参考表8.2.1选用。

表8.2.1　洞口安全影响区主要处治方法

危及洞口安全的因素	处治方法
落石、滚石	清除危石；主动网、被动网、拦石墙、隔离沟、接长明洞、棚洞
崩塌	清除崩塌体；主动网、被动网、拦石墙、隔离沟、预应力锚索、接长明洞、棚洞
滑坡	清方减载、反压护坡、抗滑桩、预应力锚索
泥石流	泥石流渡槽、导流槽、挡墙、接长明洞、棚洞
雪崩	洞口防雪棚、防护墙、接长明洞、棚洞
水害	拦水墙、改沟、防护

(2)主动网防护应符合下列要求：

①主动网防护系统主要适用于隧道洞口山体整体稳定，但地形陡峻、岩石风化裸露、易产生崩塌、落石且洞口旁无缓冲地带的情况。

②主动网防护范围应大于影响区域外2m。

(3)被动网防护应符合下列要求：

①被动网防护主要适用于隧道洞口有缓冲地带的坡面，拦截岩崩、飞石、滚石、雪崩等，避免对隧道洞口结构的损坏和运营安全造成影响。

②当洞口区采用主、被动网综合防治时，宜先施作主动网防护，再施作被动网防护。

③应结合所拦截物的特性、冲击力等合理确定防护网的设置参数。

(4)修复、增设洞口截排水系统应符合下列要求：

①应根据洞口区地形、汇水面积及流量等因素校核洞外原截排水系统的排水能力，存在不足时应增设排水设施或扩大原截排水沟。

②原截排水沟破损修复宜与路基排水系统顺畅连接。

③截排水沟基础应置于稳定地层上，并宜进行防渗处理。

8.2.2　洞门病害处治

(1)洞门病害处治应根据病害特征、洞门形式确定处治方案，可参照表8.2.2选用。

表 8.2.2 洞门结构处治方法

病害特征	主要处治方法	备注
洞门墙体局部有裂纹，无明显发展，整体稳定； 装饰板材局部劣化、剥落，可能会危及行车、行人安全	装饰修复	
洞门墙体有竖、横、斜向裂纹，并有发展迹象； 墙体局部有轻微沉陷或倾斜； 墙面装饰板材大面积劣化、剥落，已危及行车、行人安全	基底加固、肋柱式扶墙、装饰修复	
墙体局部倾斜，整体稳定较差； 墙体有错台开裂现象，大量纵斜向裂纹； 局部可能有倾覆危险，已严重危及行车、行人	洞顶清方减载、洞门墙背注浆、基底加固、洞门正面锚固、设置抗滑桩、增大洞门墙截面、接长明洞、棚洞	
墙体严重倾斜，结构严重破坏，整体有倾覆危险； 墙体大面积开裂错台，已严重危及行车、行人安全； 洞口被掩埋、洞门墙倒塌、洞口整体破坏损毁，已无法通行	洞顶清方减载、洞口段地表注浆加固、接长明洞、棚洞拆除、重建洞门	多发生在强烈地震后

(2)洞门墙体有裂纹、渗漏水等病害时，应采取墙背注浆裂缝处治、墙体下部增设泄水孔、集中漏水点埋管引排等措施处治。

(3)因冻胀引起洞门墙结构破损时，应采取有效防排水措施，并对破损处修复，新修洞门墙宜采用钢筋混凝土，其基础应置于冻结线以下。

(4)因地基承载力不足导致洞门墙沉降、倾斜、开裂时，应对基底采取加固措施，可采取注浆固结、扩大基础、钢管桩、桩基承台等措施进行处治。

(5)当墙体大面积开裂错台、整体稳定性差时，应对墙体采取增大截面处治；新增墙体应采用现浇混凝土结构。

8.2.3 衬砌裂缝病害处治

1 衬砌裂缝可分为静止裂缝、活动裂缝、尚在发展裂缝，应按照裂缝的成因、类型、规模、分布等特征合理确定处治方法、选用材料和处治顺序。

2 裂缝处治可采用表面封闭法(图 8.2.3-1)、注射法(图 8.2.3-2、图 8.2.3-3)、凿槽充填法(图 8.2.3-4)。

3 裂缝有渗漏水时，应先进行渗漏水处治后再进行裂缝处治。

4 活动裂缝和尚在发展裂缝宜在裂缝发展停止后，再进行裂缝处治。

5 对于活动裂缝和尚在发展的裂缝，经分析后可采取围岩注浆、衬砌处治、粘贴钢带、隧底处治等措施进行处治，使裂缝停止发展。

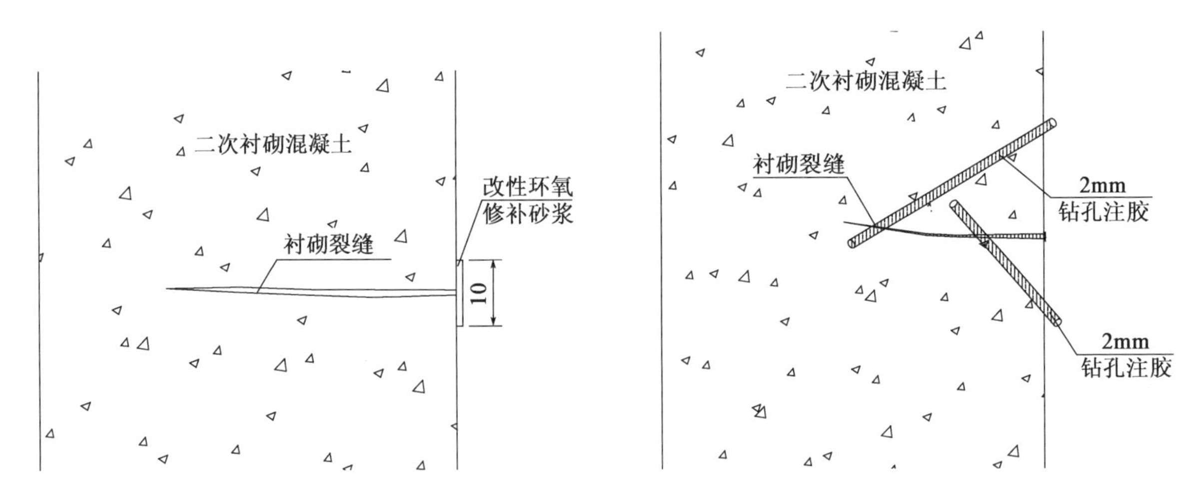

8.2.3-1　环向小裂缝表面封闭处理(尺寸单位：cm)　　图 8.2.3-2　斜向、纵向小裂缝压力注浆处理

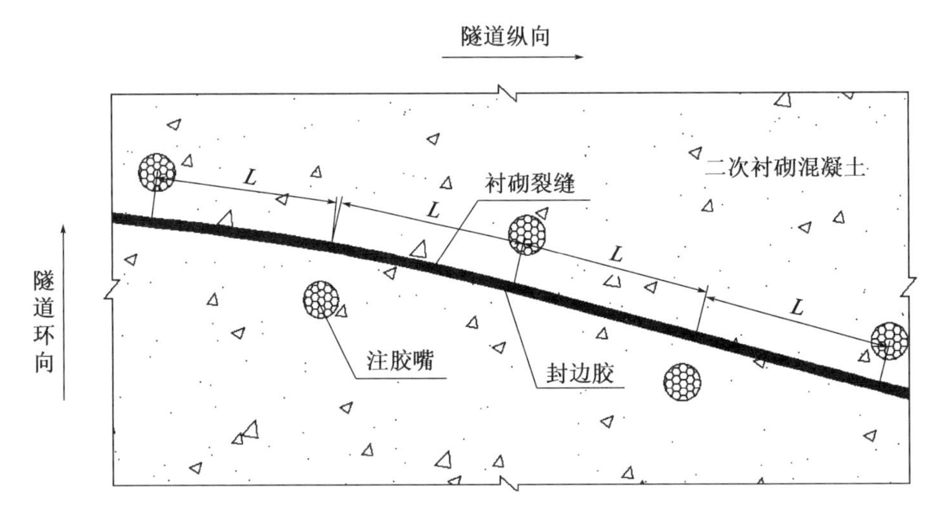

图 8.2.3-3　注浆嘴平面布置图

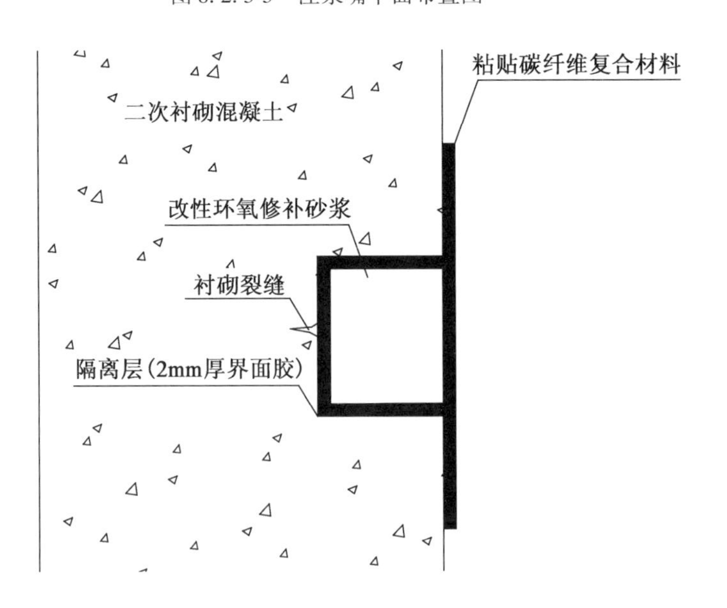

图 8.2.3-4　凿槽充填封闭处理

8.2.4 衬砌渗漏水病害处治

1 根据水文地质条件、渗漏水程度等，遵循“堵排结合、因地制宜、综合治理”的原则确定处治方案。

2 对于衬砌表面轻微渗漏水，可使用防水砂浆、聚合物水泥砂浆进行表面处理(图8.2.4-1)。

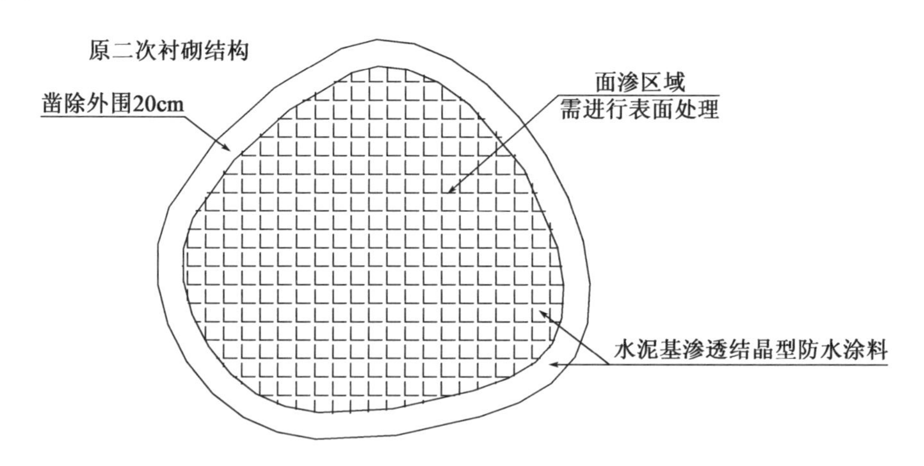

图8.2.4-1 面型轻微渗水表面处理

3 对于较严重的裂缝(含变形缝、施工缝)渗漏水，可根据渗水情况采用明装接水盒或开槽暗埋导水管的方式(图8.2.4-2、图8.2.4-3)。明装接水盒不得侵入建筑限界。

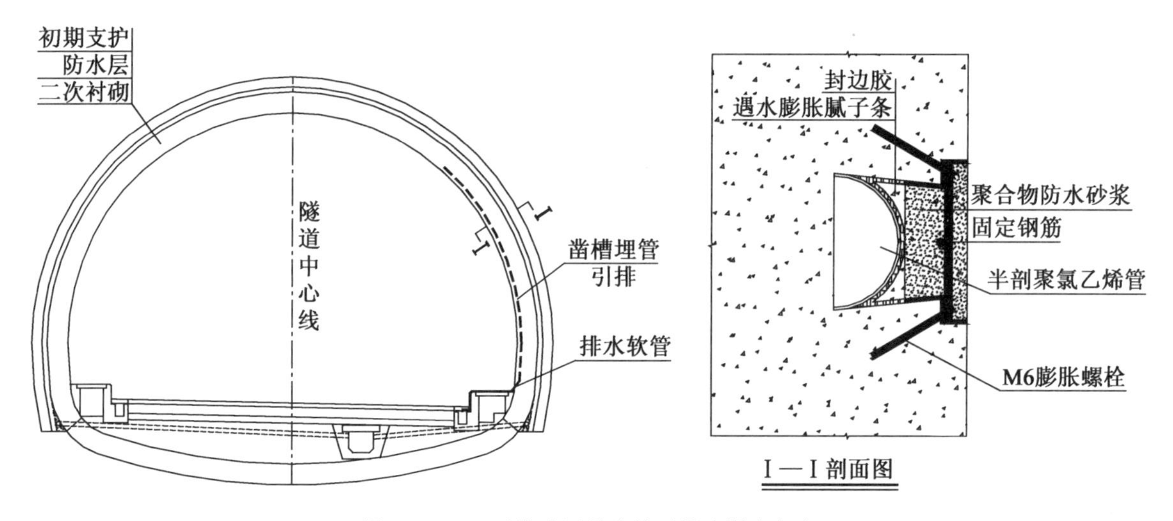

图8.2.4-2 开槽暗埋导水管引排渗漏水方案

4 集中渗漏水或边墙(脚)渗漏水的处治方案与环向(严重)渗漏水部位的处治措施相同，即在集中出水点处或面渗区中心打设径向泄水孔，并在衬砌内表面沿泄水孔竖向敷设不锈钢接水盒或导水管，将渗漏水引至两侧排水沟(图8.2.4-4)。

5 当渗漏水严重且排水对环境影响较大时，宜考虑围岩注浆堵水，再考虑结构渗漏水处治。

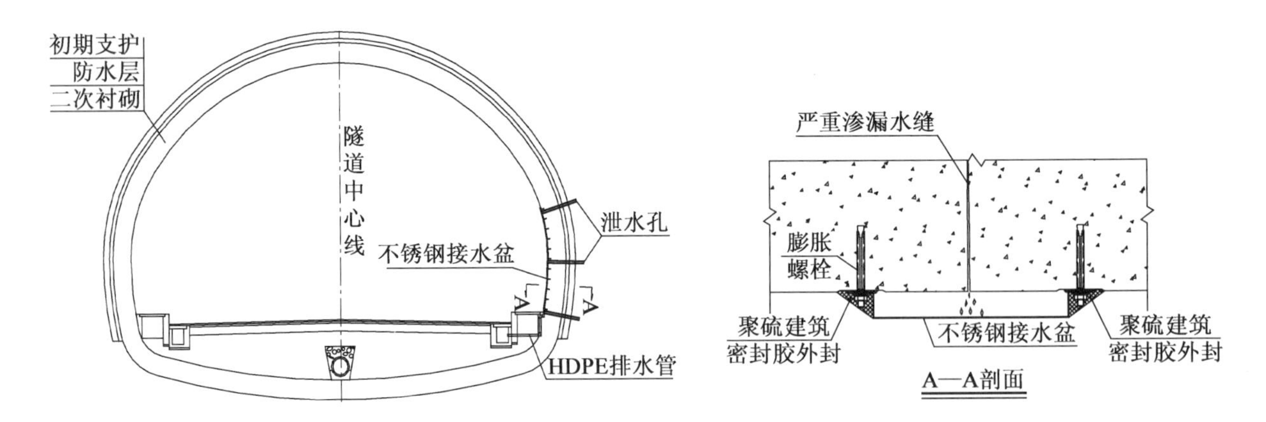

图 8.2.4-3 明装接水盒引排渗漏水方案

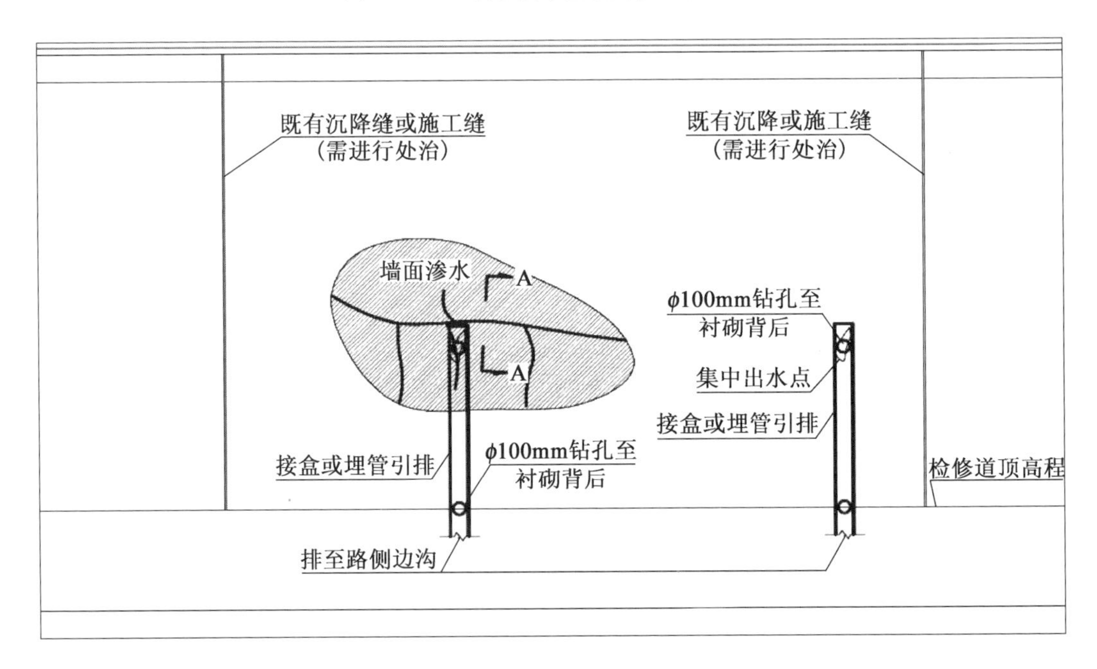

图 8.2.4-4 集中渗漏水或边墙(脚)渗漏水处治方案

6 渗漏水处治的排水设施宜便于维护，应与原排水系统连接顺畅。

7 根据地下水位、渗漏水量、含泥沙量、原排水沟的状况，可采用设泄水孔、加深水沟、增设泄水洞等降低衬砌背后水位的方法。

8.2.5 衬砌脱空处治

1 对于一般衬砌脱空，可采取注浆充填的方法进行处治。

2 对于较大衬砌脱空，应结合粘贴钢带、锚杆加固等其他补强方式联合使用。

3 衬砌背后脱空注浆宜采用水泥浆或水泥砂浆填充；注浆压力一般控制在0.3～0.5MPa。

4 钻孔注浆时，应注意对原有防水层的保护；不能兼顾时，应采取补救措施(图 8.2.5-1、图 8.2.5-2)。

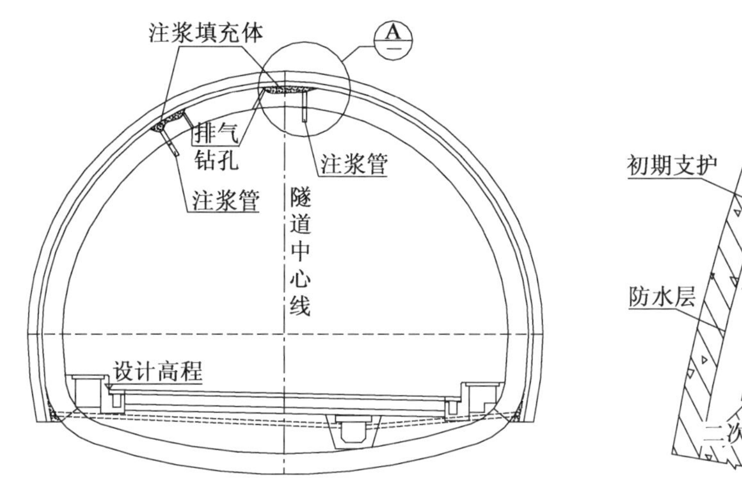

图 8.2.5-1 衬砌脱空注浆整治

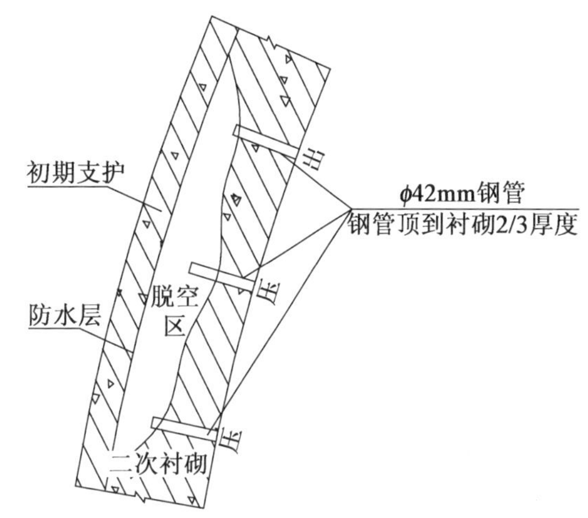

图 8.2.5-2 压注孔及出气孔示意图

8.2.6 衬砌结构欠厚或破损处治

对检测二次衬砌混凝土厚度不足或破损的段落，根据欠厚或破损程度，可选取喷射混凝土、粘贴钢带、嵌入钢拱架或拆换衬砌等措施进行处治(图 8.2.6-1、图 8.2.6-2)，必要时应进行相关论证。

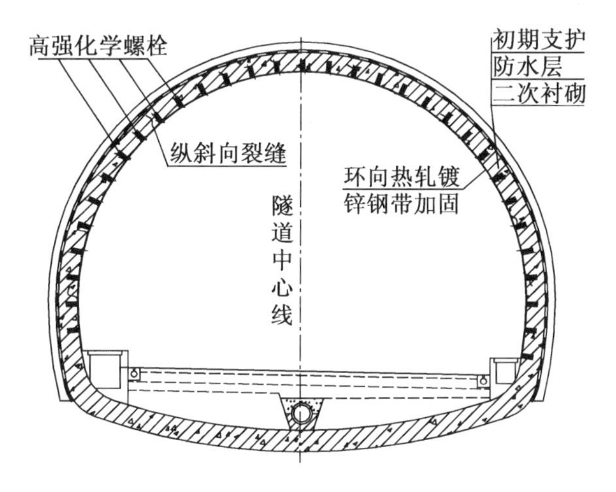

图 8.2.6-1 二次衬砌全断面粘贴钢带

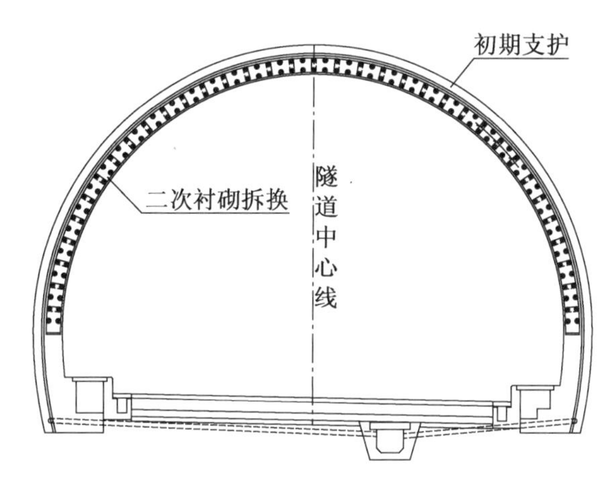

图 8.2.6-2 二次衬砌钢筋混凝土拆换

8.2.7 仰拱及路面病害处治

1 仰拱及路面常见的病害有底鼓、不均匀沉降、翻浆冒泥、路面渗水等。

2 仰拱及路面病害处治可采用加固地基、仰拱补强、增设仰拱等措施，应根据病害情况组合使用。

3 拆除仰拱或底部换填时，应制订合理施工方案及原衬砌拱脚的加固、支撑措施(图 8.2.7)。

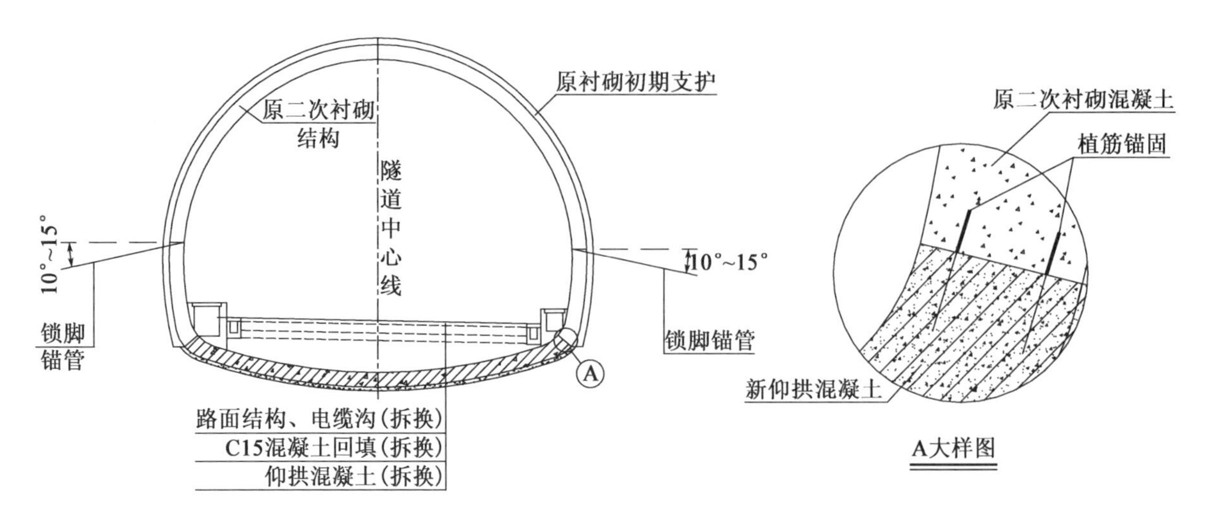

图 8.2.7　拆换仰拱示意图

4　仰拱及路面病害处治时，应完善隧底排水，并与原防排水系统衔接。

5　隧道原结构无仰拱时，宜采用隧底注浆、锚杆、换填、增设仰拱等措施进行处治。

6　隧道原结构有仰拱需处治时，应符合下列要求：

(1)仰拱开裂，但未出现大面积破坏时，宜采用仰拱补强、基底注浆、锚杆、增设桩基等措施进行处治。

(2)仰拱出现底鼓、不均匀沉降等严重病害时，宜采用加深仰拱、底部换填、换基底注浆、增设桩基等措施进行处治。

7　隧底换填时，应符合下列要求：

(1)基底围岩软化、基底虚渣、仰拱回填料不满足要求引起的病害，宜采用基底换填措施进行处治。

(2)换填材料可采用素混凝土、片石混凝土、砂砾等，混凝土强度等级应不低于 C15。

(3)宜将底部松散体全部换填，但深度不宜超过 2m。

8　仰拱补强时，应符合下列要求：

(1)仰拱结构开裂，强度、厚度不足，经补强可以达到设计要求时，可采用仰拱补强处治。

(2)宜采用增加仰拱厚度、嵌入钢拱架等方式。

(3)仰拱补强宜与隧底注浆、锚杆加固等措施配合使用。

9　增设仰拱时，应符合下列要求：

(1)隧道无仰拱且底鼓严重、边墙显著变形时，可增设仰拱。

(2)仰拱应采用钢筋混凝土结构。

(3)增设仰拱宜与隧底换填、隧底注浆、锚杆加固等措施配合使用。

10 加深仰拱时，应符合下列要求：

(1)因承压水、膨胀力、高地应力等引起严重底鼓时，可采用加深仰拱。

(2)应根据病害程度、受力情况、围岩条件计算确定仰拱的深度和厚度。

(3)新设仰拱应采用钢筋混凝土结构。

(4)仰拱加深宜与隧底注浆、锚杆加固及衬砌处治等措施配合使用。

11 地下空洞造成隧底病害时，应采用混凝土、注浆等措施对空洞进行充填。

8.2.8 检修道保养维修

应保持人行道或检修道的平整、完好和畅通，人行道或检修道不得积水，道板如有破损、翘曲或缺失，应进行修复和补充。

8.2.9 排水系统保养维修

应保持隧道内外排水设施完好，如有破损或缺失应修复。排水管堵塞时，可用高压水或压缩空气疏通。应清理排水边沟、中心排水沟、沉沙池等排水设施中的堆积物，不定期检查排水沟盖板和沟墙，修复破损、翘曲的盖板。寒冷地区应清除排水沟内结冰堵塞。排水金属管道应定期做好防腐处理工作。

8.2.10 吊顶及预埋件、内装饰保养维修

吊顶和内装饰应保持完好和整洁美观，如有破损、缺失，应修补恢复，不能修复的应更换。各种预埋件和桥架应保持完好、坚固、无锈蚀，如有缺损，应更换或加固。

8.3 路面抗滑性能不足处治

根据抗滑性能测试结果，隧道路面抗滑性能不满足本指南技术要求的应进行处治，处治方案主要技术要点如下：

(1)高速公路和一级公路的长隧道、特长隧道洞口路面抗滑过渡段长度不满足要求的，应根据本指南技术要求增加抗滑过渡段长度，也可施划满足长度要求的彩色防滑路面。

(2)隧道内路面摩擦系数不满足本指南技术要求的，应对路面进行处治。水泥路面可采取精铣刨、沥青罩面等措施，沥青路面可采取薄层罩面等措施。

9 工程验收与实施总结

9.1 工程验收

1 隧道提质升级工程应在项目实施完成后6个月之内完成验收。

2 隧道提质升级工程验收应具备以下条件：

(1)合同约定的各项内容已完成，各方就合同变更内容达成书面一致意见。

(2)设计单位检查工程建设内容满足设计要求、达到使用功能。

(3)施工单位按本指南附录D对工程质量自检合格。

(4)若开展了监理咨询，监理单位对工程质量评定合格。

(5)管养单位按一定比例(参照本指南附录D)对工程质量抽检合格。

(6)完成全部技术档案和施工管理资料的整理归档。

(7)土建结构病害处治施工完成后，技术状况评定达到2类及以上。

(8)完成财务决算。

(9)各参建单位完成工作总结报告。

3 隧道提质升级工程验收主要工作内容包括：

(1)检查合同执行情况。

(2)查阅设计、施工、监理单位(若有)提交的相关资料。

(3)抽查实体工程建设情况与工程设计的一致性。

(4)核查工程完工数量是否与设计文件相符，是否与工程计量数量一致。

(5)给出工程质量是否合格的验收结论。

4 隧道提质升级工程所使用的设施产品，应符合设计要求和现行标准规范规定的质量标准要求。隧道提质升级工程验收时，交通安全设施、照明设施和通风设施工程质量的实测项目及要求参见本指南附录D。

5 验收不合格的项目，应由施工单位负责整改。

9.2 实施总结

1 隧道提质升级实施后应进行实施情况总结，形成实施总结报告。

2 管养单位在隧道提质升级工程实施前、实施中和实施后，应注重采集相关数据和资料，包括但不限于以下方面：

(1)隧道提质升级工程实施前隧道的基本情况，包括技术指标、交通量、交通安全设施、照明设施、通风设施、其他交通工程与附属设施的设置现状、土建结构病害情况及技术状况评定结果、近3年发生的交通事故数据、相关部门对隧道情况的评价和实施建议等。除文字记录外，有条件的宜对实施前的情况进行照片或录像记录。

(2)隧道提质升级工程实施情况资料，包括设计资料、工程量统计、资金投入、实施时间和地点、提质升级工程具体措施内容、数量等。除文字记录外，有条件的宜对重点实施过程进行照片或录像记录。

(3)隧道提质升级工程实施后的隧道情况资料，有关数据和记录宜与实施前的进行对应比较。

(4)隧道提质升级工程社会效果材料，包括有关媒体报道材料、社会反响材料等的收集，有条件的还可进行专门的公众满意度调查分析。

(5)其他技术指标数据，如隧道内路面照明亮度、风速测试数据、交通量和运行速度数据等。

3 实施总结报告应能对应隧道提质升级工程确定的各项工作目标，包括但不限于以下内容：

(1)工作成效，包括隧道提质升级工程实施数量、资金投入、提质升级效果等。

(2)主要措施和经验，包括组织实施方式、制度建设、资金保障、排查评估、计划安排、项目管理、工程技术措施、可推广的经验等。

(3)实施过程中存在的问题与不足、采取的解决措施。

(4)下一步工作建议。

附录 A　交通安全设施技术指标

1　隧道开车灯标志版面(图 A. 0. 1-1)。

2　隧道信息标志版面(图 A. 0. 1-2)。

图 A. 0. 1-1　隧道开车灯标志版面示意图

X X X 隧道
XXXXXXXX Tunnel
长 度
Length
XXXX m
请 开 灯 行 驶

图 A. 0. 1-2　隧道信息标志版面示意图

3　禁止超车标志版面(图 A. 0. 1-3)。

4　解除禁止超车标志版面(图 A. 0. 1-4)。

图 A. 0. 1-3　禁止超车标志版面示意图

图 A. 0. 1-4　解除禁止超车标志版面示意图

5　紧急电话指示标志版面(图 A. 0. 1-5)。

6　消防设备指示标志版面(图 A. 0. 1-6)。

7　人行横通道指示标志版面(图 A. 0. 1-7)。

8　车行横通道指示标志版面(图 A. 0. 1-8)。

9　疏散指示标志版面(图 A. 0. 1-9)。

10　紧急停车带标志版面(图 A. 0. 1-10)。

11　紧急停车带位置提示标志版面(图 A. 0. 1-11)，其中“道路”为具体的公路名称。

图 A. 0. 1-5　紧急电话指示标志版面示意图

图 A. 0. 1-6　消防设备指示标志版面示意图

图 A. 0. 1-7　人行横通道指示标志版面示意图

图 A. 0. 1-8　车行横通道指示标志版面示意图

图 A. 0. 1-9　疏散指示标志版面示意图

图 A. 0. 1-10　紧急停车带标志版面示意图

图 A. 0. 1-11　紧急停车带位置提示标志版面示意图

12　隧道路段车行道标线宽度应根据设计速度按表 A. 0. 1 选取。

表 A. 0. 1　车行道标线宽度

<table>
<tr><th colspan="2">设计速度(km/h)</th><th>车行道边缘线(cm)</th><th>同向车行道分界线(cm)</th><th>对向车行道分界线(cm)</th></tr>
<tr><td colspan="2">120、100</td><td>20</td><td>15</td><td>—</td></tr>
<tr><td rowspan="2">80、60</td><td>高速公路、一级公路</td><td>20</td><td>15</td><td>—</td></tr>
<tr><td>二级公路</td><td>15</td><td>10</td><td>15</td></tr>
<tr><td colspan="2">40、30</td><td>15</td><td>10</td><td>15</td></tr>
<tr><td rowspan="2">20</td><td>双车道</td><td>10</td><td>—</td><td>10</td></tr>
<tr><td>单车道</td><td>10</td><td>—</td><td>—</td></tr>
</table>

附录 B　机电设施技术指标

B.1　照明设施指标

B.1.1　照明设施排查

各等级公路隧道照明设置条件应符合下列要求：

(1)长度 $L>200\text{m}$ 的高速公路隧道、一级公路隧道应设置照明。

(2)长度 $100\text{m}<L\leqslant200\text{m}$ 的高速公路光学长隧道、一级公路光学长隧道应设置照明。

(3)长度 $L>1\,000\text{m}$ 的二级公路隧道应设置照明；长度 $500\text{m}<L\leqslant1\,000\text{m}$ 的二级公路隧道宜设置照明；三级、四级公路隧道应结合公路功能及重要性、交通特征、当地经济状况、隧道所在路段的电源情况等条件确定。

(4)长度 $L>500\text{m}$ 的高速公路隧道应设置应急照明系统，长度 $L>1\,000\text{m}$ 的一级、二级公路隧道应设置应急照明系统；三级、四级公路隧道应结合公路功能及重要性、交通特征、当地经济状况、隧道所在路段的电源情况等条件确定。

B.1.2　各照明段落亮度指标

(1)入口段

入口段宜划分为 TH_1、TH_2 两个照明段，与之对应的亮度应分别按式(B.1.2-1)及式(B.1.2-2)计算：

$$L_{th1}=k\times L_{20}(S) \quad (B.1.2\text{-}1)$$

$$L_{th2}=0.5\times k\times L_{20}(S) \quad (B.1.2\text{-}2)$$

式中：L_{th1}——入口段 TH_1 的亮度(cd/m^2)；

L_{th2}——入口段 TH_2 的亮度(cd/m^2)；

k——入口段亮度折减系数，可按表 B.1.2-1 取值；

$L_{20}(S)$——洞外亮度(cd/m^2)，可按表 B.1.2-2 取值，鼓励采用实测最大洞外亮度。

表 B. 1. 2-1　入口段亮度折减系数 k

交通量 N[veh/(h·ln)]		设计速度 v_t(km/h)				
单向交通	双向交通	20～40	60	80	100	120
≥1 200	≥650	0. 012	0. 022	0. 035	0. 045	0. 070
≤350	≤180	0. 010	0. 015	0. 025	0. 035	0. 050

注：1. 当交通量在其中间值时，按线性内插取值；

2. 小时交通量根据年平均日交通量换算，山岭重丘区可取12%，平原微丘区可取10%，城镇附近可取9%（以下小时交通量换算系数取值相同）。

表 B. 1. 2-2　洞外亮度 L_{20}(S)(cd/m²)

天空面积百分比(%)	洞口朝向或洞外环境	设计速度 v_t(km/h)				
		20～40	60	80	100	120
35～50	南洞口	—	—	4 000	4 500	5 000
	北洞口	—	—	5 500	6 000	6 500
25	南洞口	3 000	3 500	4 000	4 500	5 000
	北洞口	3 500	4 000	5 000	5 500	6 000
10	暗环境	2 000	2 500	3 000	3 500	4 000
	亮环境	3 000	3 500	4 000	4 500	5 000
0	暗环境	1 500	2 000	2 500	3 000	3 500
	亮环境	2 000	2 500	3 000	3 500	4 000

注：1. 天空面积百分比指20°视场中天空面积百分比；

2. 南洞口指北行车辆驶入的洞口，北洞口指南行车辆驶入的洞口；

3. 东洞口与西洞口取用南洞口与北洞口之中间值；

4. 暗环境指洞外景物（包括洞门建筑）反射率低的环境，亮环境指洞外景物（包括洞门建筑）反射率高的环境；

5. 当天空面积百分比处于表中两档之间时，按线性内插取值。

(2)过渡段

过渡段宜划分为 TR_1、TR_2、TR_3 三个照明段，与之对应的亮度应按式(B. 1. 2-3)～式(B. 1. 2-5)计算：

$$L_{tr1} = 0.15 \times L_{th1} \quad (B. 1. 2\text{-}3)$$

$$L_{tr2} = 0.05 \times L_{th1} \quad (B. 1. 2\text{-}4)$$

$$L_{tr3} = 0.02 \times L_{th1} \quad (B. 1. 2\text{-}5)$$

长度 $L \leqslant 300$m 的隧道，可不设置过渡段加强照明；长度 $300\text{m} < L \leqslant 500$m 的隧道，当在过渡段 TR_1 能完全看到隧道出口时，可不设置过渡段 TR_2、TR_3 加强照明；当 TR_3 的亮度 L_{tr3} 不大于中间段亮度 L_{in} 的 2 倍时，可不设置过渡段 TR_3 加强照明。

(3)中间段亮度宜按表 B. 1. 2-3 取值。

表 B. 1. 2-3　中间段亮度 L_{in} (cd/m²)

设计速度 v_t (km/h)	单向交通		
	N≥1 200veh/(h·ln)	350veh/(h·ln) < N < 1 200veh/(h·ln)	N≤350veh/(h·ln)
	双向交通		
	N≥650veh/(h·ln)	180veh/(h·ln) < N < 650veh/(h·ln)	N≤180veh/(h·ln)
120	10. 0	6. 0	4. 5
100	6. 5	4. 5	3. 0
80	3. 5	2. 5	1. 5
60	2. 0	1. 5	1. 0
40	1. 0	1. 0	1. 0

注：1. 当设计速度为 100km/h 时，中间段亮度可按 80km/h 对应亮度取值；

2. 当设计速度为 120km/h 时，中间段亮度可按 100km/h 对应亮度取值。

(4)路面亮度总均匀度应不低于表 B. 1. 2-4 所示值。

表 B. 1. 2-4　路面亮度总均匀度 U_0

交通量 N[veh/(h·ln)]		U_0
单向交通	双向交通	
≥1 200	≥650	0. 4
≤350	≤180	0. 3

注：当交通量在其中间值时，按线性内插取值。

(5)路面中线亮度纵向均匀度应不低于表 B. 1. 2-5 所示值。

表 B. 1. 2-5　路面中线亮度纵向均匀度 U_l

交通量 N[veh/(h·ln)]		U_l
单向交通	双向交通	
≥1 200	≥650	0. 6
≤350	≤180	0. 5

注：当交通量在其中间值时，按线性内插取值。

(6)出口段

出口段宜划分为 EX_1、EX_2 两个照明段，每段长度宜取 30m，与之对应的亮度应按式(B. 1. 2-6)、式(B. 1. 2-7)计算：

$$L_{ex1} = 3 \times L_{in} \tag{B. 1. 2-6}$$

$$L_{ex2} = 5 \times L_{in} \tag{B. 1. 2-7}$$

长度 $L \leqslant 300$m 的直线隧道可不设置出口段加强照明；长度 $300\text{m} < L \leqslant 500$m 的直线隧道可仅设置 EX_2 出口段加强照明。

(7)均匀度计算

①路面亮度总均匀度

路面亮度总均匀度可按式(B.1.2-8)计算：

$$U_0 = \frac{L_{min}}{L_{av}} \qquad (B.1.2\text{-}8)$$

式中：U_0——路面亮度总均匀度；

L_{min}——计算区域内路面最小亮度(cd/m^2)；

L_{av}——路面平均亮度(cd/m^2)。

②路面中线亮度纵向均匀度

路面中线亮度纵向均匀度可按式(B.1.2-9)计算：

$$U_1 = \frac{L'_{min}}{L'_{max}} \qquad (B.1.2\text{-}9)$$

式中：U_1——路面中线亮度纵向均匀度；

L'_{min}——路面中线最小亮度(cd/m^2)；

L'_{max}——路面中线最大亮度(cd/m^2)。

B.1.3 隧道内照明亮度测量方法

(1)在所检照明区段中间位置选取一个布灯周期长度区域作为测试区域，在此测试区域内可按图B.1.3布设测点。

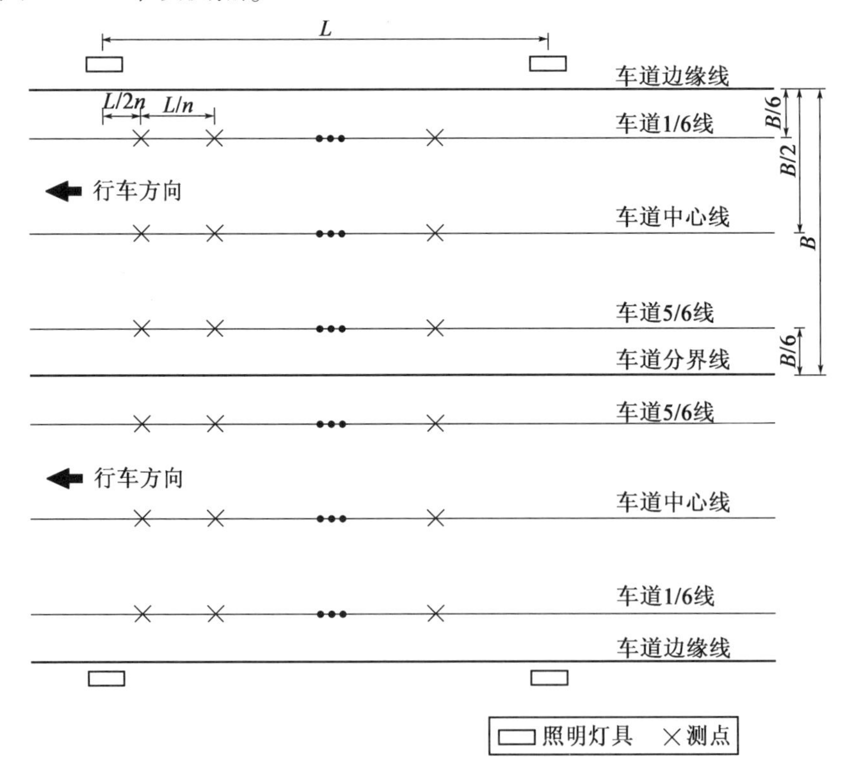

图B.1.3 照明测试点分布示意图

图中，L为单侧布灯间距，B为车道宽度，n为测试区段长度数值通过进尾取整修约后所得的一个整数，$L \leqslant n < L+1$。

图B.1.3为两车道隧道测点示意图，对于三车道、四车道隧道，在横断面方向，应在车道1/6线、车道中心线、车道5/6线分别画点，每车道横断面画3个点。

(2)隧道照明测量方法还应满足现行《照明测量方法》(GB/T 5700)所规定的技术要求。

B.2　通风设施排查指标

B.2.1　公路隧道机械通风设置条件

(1)双向交通隧道，当符合式(B.2.1-1)的条件时，应设置机械通风。

$$L \cdot N \geqslant 6 \times 10^5 \tag{B.2.1-1}$$

式中：L——隧道长度(m)；

N——小时交通量(veh/h)。

(2)单向交通隧道，当符合式(B.2.1-2)的条件时，应设置机械通风。

$$L \cdot N \geqslant 2 \times 10^6 \tag{B.2.1-2}$$

(3)长度$L>1\,000$m的高速公路和一级公路隧道，以及长度$L>2\,000$m的二级、三级、四级公路隧道应设置机械排烟系统。

B.2.2　公路隧道排烟设置条件

(1)公路隧道火灾最大热释放功率应按表B.2.2-1取值。

表B.2.2-1　隧道火灾最大热释放率取值(MW)

通行方式	隧道长度L(m)	公路等级		
		高速公路	一级公路	二级、三级、四级公路
单向交通	$L>5\,000$	30	30	—
	$1\,000<L\leqslant 5\,000$	20	20	—
双向交通	$L>2\,000$	—	—	20

(2)采用纵向排烟的公路隧道，排烟风速宜按表B.2.2-2所列火灾临界风速取值。

表B.2.2-2　火灾临界风速

火灾规模(MW)	20	30
火灾临界风速(m/s)	2.0~3.0	3.0~4.0

B.2.3 公路隧道洞内风速检测方法

(1)隧道内风速检测点

纵向上，测点宜布设在距离隧道进、出口内30m处，以及每500m间隔宜布设1处。可根据实际情况调整间隔，测点距离风机进出风口应不小于100m或测点布设在两组风机中间位置。

横向上，隧道单洞测试断面布设位置应不少于3处，宜取距离地面3.0m高处，车道中线上方布设测点，如图B.2.3所示。

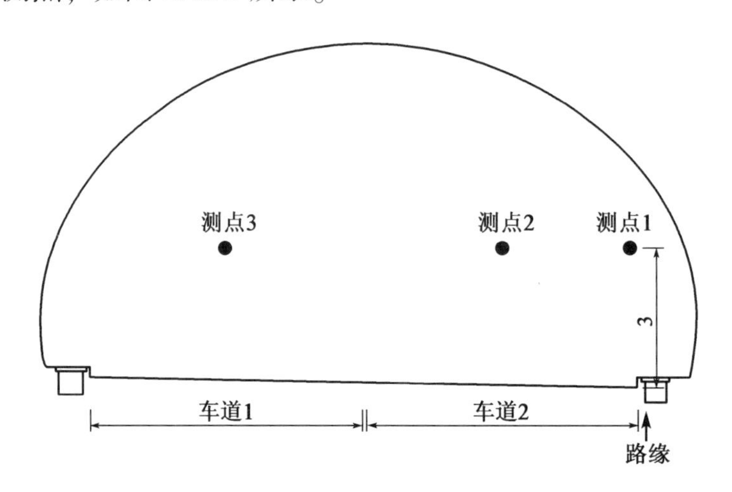

图B.2.3 通风测试点分布示意图(尺寸单位：m)

(2)风速取值

采用风速仪测试各点风速，每点测试3次，最终取断面所有测点算术平均值作为该断面风速值。

附录C　土建结构技术状况评定标准及评定表

表C.0.1-1　隧道洞口技术状况评定标准

状况值	技术状况描述
0	完好，无破坏现象
1	山体及岩体、挡土墙、护坡等有轻微裂缝产生，排水设施存在轻微破坏
2	山体及岩体裂缝发育，存在滑坡、崩塌的初步迹象，坡面树木或电线杆轻微倾斜，挡土墙、护坡等产生开裂、变形，土石零星掉落，排水设施存在一定裂损、阻塞
3	山体及岩体严重开裂，坡面树木或电线杆明显倾斜，挡土墙、护坡等产生严重开裂、明显的永久变形，墙角或坡面有土石堆积，排水设施完全堵塞、破坏，排水功能失效
4	山体及岩体有明显而严重的滑动、崩塌现象，挡土墙、护坡断裂、外倾失稳、部分倒塌，坡面树木或电线杆倾倒等

表C.0.1-2　隧道洞门技术状况评定标准

状况值	技术状况描述
0	完好，无破坏现象
1	墙身存在轻微的开裂、起层、剥落
2	墙身结构局部开裂，墙身轻微倾斜、沉陷或错台，壁面轻微渗水，尚未妨害交通
3	墙身结构严重开裂、错台；边墙出现起层、剥落、混凝土块可能掉落或已有掉落；钢筋外露，受到锈蚀，墙身有明显倾斜、沉陷或错台趋势，壁面严重渗水(挂冰)，将会妨害交通
4	洞门结构大范围开裂、砌体断裂、混凝土块可能掉落或已有掉落；墙身出现部分倾倒、垮塌，存在喷水或大面积挂冰等，已妨碍交通

表C.0.1-3　衬砌破损技术状况评定标准

状况值	技术状况描述	
	外荷载作用所致	材料劣化所致
0	结构无裂损、变形和背后空洞	材料无劣化
1	出现变形、位移、沉降和裂缝，但无发展或已停止发展	存在材料劣化，钢筋表面局部腐蚀，衬砌无起层、剥落，对断面强度几乎无影响
2	出现变形、位移、沉降和裂缝，发展缓慢，边墙衬砌背后存在空隙，有扩大的可能性	材料劣化明显，钢筋表面全部生锈、腐蚀，断面强度有所下降，结构物功能可能受到损害

续上表

状况值	技术状况描述	
	外荷载作用所致	材料劣化所致
3	出现变形、位移、沉降，裂缝密集，出现剪切性裂缝，发展速度较快；边墙处衬砌压裂，导致起层、剥落，边墙混凝土有可能掉下；拱部背面存在大的空洞，上部落石可能掉落至拱背；衬砌结构侵入内轮廓界限	材料劣化严重，钢筋断面因腐蚀而明显减小，断面强度有相当程度的下降，结构物功能受到损害；边墙混凝土起层、剥落、混凝土块可能掉落或已有掉落
4	衬砌结构发生明显的永久变形，裂缝密集，出现剪切性裂缝，裂缝深度贯穿衬砌混凝土，并且发展快速；由于拱顶裂缝密集，衬砌开裂，导致起层、剥落，混凝土块可能掉下；衬砌拱部背面存在大的空洞，且衬砌有效厚度很薄，空腔上部可能掉落至拱背；衬砌结构侵入建筑限界	材料劣化非常严重，断面强度明显下降，结构物功能损害明显；由于拱部材料劣化，导致混凝土起层、剥落，混凝土块可能掉落或已有掉落

表 C. 0. 1-4　衬砌渗漏水技术状况评定标准

状况值	技术状况描述
0	无渗漏水
1	衬砌表面存在浸渗，对行车无影响
2	衬砌拱部有滴漏，侧墙有小股涌流，路面有浸渗但无积水，拱部、边墙因渗水少量挂冰，边墙脚积冰；不久可能会影响行车安全
3	拱部有涌流、侧墙有喷射水流，路面积水，沙土流出，拱部衬砌因渗水形成较大挂冰、胀裂，或涌水积冰至路面边缘，影响行车安全
4	拱部有喷射水流，侧墙存在严重影响行车安全的涌水，地下水从检查井涌出，路面积水严重，伴有严重的沙土流出和衬砌挂冰，严重影响行车安全

表 C. 0. 1-5　隧道路面技术状况评定标准

状况值	技术状况描述
0	路面完好
1	路面有浸湿、轻微裂缝、落物等，引起使用者轻微不舒适感
2	路面有局部的沉陷、隆起、坑洞、表面剥落、露骨、破损、裂缝，轻微积水，引起使用者明显的不舒适感，可能会影响行车安全
3	路面出现较大面积的沉陷、隆起、坑洞、表面剥落、露骨、破损、裂缝，积水严重等，影响行车安全；抗滑系数过低，引起车辆打滑
4	路面大面积的明显沉陷、隆起、坑洞，路面板严重错台、断裂，表面剥落、露骨、破损、裂缝，出现漫水、结冰或堆冰，严重影响交通安全，可能导致交通意外事故

表 C.0.1-6　检修道技术状况评定标准

状况值	技术状况描述	
	定性描述	定量描述
0	护栏、路缘石及检修道面板均完好	—
1	护栏变形，路缘石或检修道面板少量缺角、缺损，金属有局部锈蚀，尚未影响其使用功能	护栏、面板、路缘石损坏长度≤10%，缺失长度≤3%
2	护栏变形损坏，螺栓松动、扭曲，金属表面锈蚀，部分路缘石或检修道面板缺损、开裂，部分功能丧失，可能会影响行人和交通安全	护栏、面板、路缘石损坏长度>10%且≤20%，缺失长度>3%且≤10%
3	护栏倒伏、严重损坏，侵入限界，路缘石或检修道面板缺损开裂或缺失严重，原有功能丧失，影响行人和交通安全	护栏、面板、路缘石缺失率>20%，缺失长度>10%

表 C.0.1-7　洞内排水设施技术状况评定标准

状况值	技术状况描述
0	设施完好，排水功能正常
1	结构有轻微破损，但排水功能正常
2	轻微淤积，结构有破损，暴雨季节出现溢水，可能会影响交通安全
3	严重淤积，结构较严重破损，溢水造成路面局部积水、结冰，影响行车安全
4	完全阻塞，结构严重破损，溢水造成路面积水漫流、大面积结冰，严重影响行车安全

表 C.0.1-8　吊顶及预埋件技术状况评定标准

状况值	技术状况描述
0	吊顶完好
1	存在轻微变形、破损、浸水，尚未妨碍交通
2	吊顶破损、开裂，滴水，吊杆等预埋件锈蚀，尚未影响交通安全
3	吊顶存在较严重的变形、破损，出现涌流、挂冰，吊杆等预埋件严重锈蚀，可能影响交通安全
4	吊顶严重破损、开裂甚至掉落，出现喷涌水、严重挂冰，各种预埋件和悬吊件严重锈蚀或断裂，各种桥架和挂件出现严重变形或脱落，严重影响行车安全

注：本分项含各种灯具、通风机等拱顶设备的悬吊结构评定。

表 C.0.1-9　内装饰技术状况评定标准

状况值	技术状况描述	
	定性描述	定量描述
0	内装饰完好	—
1	个别内装饰板或瓷砖变形、破损，不影响交通	损坏率≤10%
2	部分内装饰板或瓷砖变形、破损、脱落，对交通安全有影响	损坏率>10%且≤20%
3	大面积内装饰板或瓷砖变形、破损、脱落，严重影响行车安全	损坏率>20%

表 C.0.1-10　土建结构技术状况评定表

<table>
<tr><td colspan="2">隧道情况</td><td>隧道名称</td><td></td><td>路线名称</td><td></td><td>隧道长度</td><td></td><td>建成时间</td><td></td></tr>
<tr><td colspan="2">评定情况</td><td>管养单位</td><td></td><td>上次评定等级</td><td></td><td>上次评定日期</td><td></td><td>本次评定日期</td><td></td></tr>
<tr><td colspan="2" rowspan="3">洞门、洞口技术状况评定</td><td>分项名称</td><td>位置</td><td>状况值</td><td>权重 w_i</td><td>检测项目</td><td>位置</td><td>状况值</td><td>权重 w_i</td></tr>
<tr><td rowspan="2">洞口</td><td>进口</td><td></td><td></td><td rowspan="2">洞门</td><td>进口</td><td></td><td></td></tr>
<tr><td>出口</td><td></td><td></td><td>出口</td><td></td><td></td></tr>
<tr><td rowspan="2">编号</td><td rowspan="2">里程</td><td colspan="8">状 况 值</td></tr>
<tr><td>衬砌破损</td><td>渗漏水</td><td>路面</td><td>检修道</td><td>排水设施</td><td>吊顶</td><td>内装饰</td><td>标志标线</td></tr>
<tr><td>1</td><td></td><td></td><td></td><td></td><td></td><td></td><td></td><td></td><td></td></tr>
<tr><td>2</td><td></td><td></td><td></td><td></td><td></td><td></td><td></td><td></td><td></td></tr>
<tr><td>3</td><td></td><td></td><td></td><td></td><td></td><td></td><td></td><td></td><td></td></tr>
<tr><td>4</td><td></td><td></td><td></td><td></td><td></td><td></td><td></td><td></td><td></td></tr>
<tr><td>5</td><td></td><td></td><td></td><td></td><td></td><td></td><td></td><td></td><td></td></tr>
<tr><td>6</td><td></td><td></td><td></td><td></td><td></td><td></td><td></td><td></td><td></td></tr>
<tr><td>7</td><td></td><td></td><td></td><td></td><td></td><td></td><td></td><td></td><td></td></tr>
<tr><td>8</td><td></td><td></td><td></td><td></td><td></td><td></td><td></td><td></td><td></td></tr>
<tr><td>9</td><td></td><td></td><td></td><td></td><td></td><td></td><td></td><td></td><td></td></tr>
<tr><td>10</td><td></td><td></td><td></td><td></td><td></td><td></td><td></td><td></td><td></td></tr>
<tr><td>11</td><td></td><td></td><td></td><td></td><td></td><td></td><td></td><td></td><td></td></tr>
<tr><td>12</td><td></td><td></td><td></td><td></td><td></td><td></td><td></td><td></td><td></td></tr>
<tr><td>13</td><td></td><td></td><td></td><td></td><td></td><td></td><td></td><td></td><td></td></tr>
<tr><td colspan="2">$\max(JGCI_{ij})$</td><td></td><td></td><td></td><td></td><td></td><td></td><td></td><td></td></tr>
<tr><td colspan="2">权重 w_i</td><td></td><td></td><td></td><td></td><td></td><td></td><td></td><td></td></tr>
<tr><td colspan="4">$JGCI = 100 \times \left[1 - \frac{1}{4}\sum_{i=1}^{n}\left(JGCI_i \times \frac{w_i}{\sum_{i=1}^{n} w_i}\right)\right]$</td><td></td><td colspan="2">土建结构评定等级</td><td colspan="3"></td></tr>
<tr><td colspan="2">养护措施建议</td><td colspan="8"></td></tr>
<tr><td colspan="2">评定人</td><td colspan="3"></td><td colspan="2">负责人</td><td colspan="3"></td></tr>
</table>

附录 D　工程验收质量检验要求

1　应按基本要求、实测项目、外观质量等检验项目分别检查。

2　应对基本要求逐项检查；经检查不符合规定时，不得进行工程质量的检验评定。

3　实测项目检验应符合下列规定：

(1)应对检查项目按规定的检查方法和频率，进行随机抽样检验并计算合格率。

(2)应按下式计算检查项目合格率：

$$\text{检查项目合格率}(\%)=\frac{\text{合格的点(组)数}}{\text{该检查项目的全部检查点(组)数}}\times 100 \qquad (\text{D.0.1})$$

4　实测项目中，检查项目合格判定应符合下列规定：

(1)关键项目(在检查项目项次后以“△”标识)的合格率不得低于 95%(照明设施、通风设施为 100%)，不符合要求时该检查项目应为不合格。

(2)一般项目的合格率应不低于 80%，不符合要求时该检查项目应为不合格。

(3)有规定极值的检查项目，任一单个检测值都不得突破规定极值，不符合要求时该检查项目应为不合格。

5　外观质量应进行全面检查，并满足规定要求。对于明显的外观缺陷，施工单位应进行整修或返工处理，然后进行评定。

6　检验项目不合格的，应进行整修或返工处理直至合格。

7　工程质量评定合格应同时符合下列规定：

(1)检验记录应完整。

(2)所含实测项目的质量均应合格。

(3)外观质量应满足要求。

8　评定为不合格的工程，经返工、加固、补强或调测，满足设计要求后，可重新进行检验评定。

D.1　交通安全设施

D.1.1　交通标志更换、增设

1　交通标志更换、增设应符合下列基本要求：

(1)交通标志的加工、制作应符合现行《道路交通标志和标线　第2部分：道路交通标志》(GB 5768.2)和《道路交通标志板及支撑件》(GB/T 23827)的规定。

(2)交通标志的位置、数量及安装角度应符合设计要求；版面信息不得被遮挡。

(3)交通标志及支撑件应安装牢固。

2　交通标志更换、增设实测项目应符合表D.1.1的规定。

表D.1.1　交通标志实测项目

项次	检查项目	规定值或允许偏差	检查方法和频率
1△	标志面反光膜逆反射系数($cd \cdot lx^{-1} \cdot m^{-2}$)	满足设计要求	逆反射系数测试仪：每块板每种颜色测3点
2	标志板下缘至路面净空高度(mm)	+100，0	经纬仪、全站仪或尺量：每块板测2点
3	柱式标志板、悬臂式和门架式标志立柱内边缘距土路肩边缘线距离(mm)	满足设计要求	尺量：每处测1点
4	立柱竖直度(mm/m)	3	垂线法：每根柱测2点
5	基础顶面平整度(mm)	4	尺量：对角拉线测最大间隙，每个基础测2点
6	标志基础尺寸(mm)	+100，-50	尺量：每个基础长度、宽度各测2点

3　交通标志更换、增设外观质量应符合下列规定：

交通标志在安装后，标志面及金属构件涂层应无损伤。

D.1.2　交通标线施划

1　交通标线施划应符合下列基本要求：

(1)交通标线的颜色、形状和设置位置应符合现行《道路交通标志和标线　第3部分：道路交通标线》(GB 5768.3)的规定和设计要求。

(2)交通标线的材料应符合设计要求和现行《路面标线涂料》(JT/T 280)、《路面标线用玻璃珠》(GB/T 24722)、《路面防滑涂料》(JT/T 712)的相关规定；局部补划的交通标线材料及形状宜与相邻路段原有交通标线一致。

(3)交通标线施划前，路面应清洁、干燥、无起灰。

(4)复划标线前，对基底原路面标线的清理应符合设计要求。

(5)反光标线玻璃珠应撒布均匀，施划后标线无起泡、剥落现象。

2　交通标线实测项目应符合表D.1.2的规定。

表 D.1.2 交通标线实测项目

<table>
<tr><th>项次</th><th colspan="4">检 查 项 目</th><th>规定值或允许偏差</th><th>检查方法和频率</th></tr>
<tr><td rowspan="5">1</td><td rowspan="5">标线线段长度
（mm）</td><td colspan="3">6 000</td><td>±30</td><td rowspan="5">尺量：每1km测3处，每处测3个线段；至少测1处</td></tr>
<tr><td colspan="3">4 000</td><td>±20</td></tr>
<tr><td colspan="3">3 000</td><td>±15</td></tr>
<tr><td colspan="3">2 000</td><td>±10</td></tr>
<tr><td colspan="3">1 000</td><td>±10</td></tr>
<tr><td>2</td><td colspan="4">标线宽度（mm）</td><td>+5，0</td><td>尺量：每1km测3处，每处测3点；至少测1处</td></tr>
<tr><td rowspan="7">3△</td><td rowspan="7">标线厚度
（干膜，mm）</td><td colspan="3">溶剂型</td><td>不小于设计值</td><td rowspan="7">标线厚度测量仪或卡尺：每1km测3处，每处测6点；至少测1处</td></tr>
<tr><td colspan="3">热熔型</td><td>+0.50，−0.10</td></tr>
<tr><td colspan="3">水性</td><td>不小于设计值</td></tr>
<tr><td colspan="3">双组分</td><td>不小于设计值</td></tr>
<tr><td colspan="3">预成型标线带</td><td>不小于设计值</td></tr>
<tr><td rowspan="2">突起型</td><td colspan="2">突起高度</td><td>不小于设计值</td></tr>
<tr><td colspan="2">基线厚度</td><td>不小于设计值</td></tr>
<tr><td>4</td><td colspan="4">标线横向偏位（mm）</td><td>≤30</td><td>尺量：每1km测3处，每处测3点；至少测1处</td></tr>
<tr><td rowspan="4">5</td><td rowspan="4">标线纵向间距
（mm）</td><td colspan="3">9 000</td><td>±45</td><td rowspan="4">尺量：每1km测3处，每处测3个线段；至少测1处</td></tr>
<tr><td colspan="3">6 000</td><td>±30</td></tr>
<tr><td colspan="3">4 000</td><td>±20</td></tr>
<tr><td colspan="3">3 000</td><td>±15</td></tr>
<tr><td rowspan="14">6△</td><td rowspan="14">逆反射亮度系数 R_L
（$mcd \cdot m^{-2} \cdot lx^{-1}$）</td><td rowspan="4">非雨夜
反光标线</td><td rowspan="2">Ⅰ级</td><td>白色</td><td>≥150</td><td rowspan="4">标线逆反射测试仪：每1km测3处，每处测9点；至少测1处</td></tr>
<tr><td>黄色</td><td>≥100</td></tr>
<tr><td rowspan="2">Ⅱ级</td><td>白色</td><td>≥250</td></tr>
<tr><td>黄色</td><td>≥125</td></tr>
<tr><td rowspan="4">非雨夜
反光标线</td><td rowspan="2">Ⅲ级</td><td>白色</td><td>≥350</td><td rowspan="10">标线逆反射测试仪：每1km测3处，每处测9点；至少测1处</td></tr>
<tr><td>黄色</td><td>≥150</td></tr>
<tr><td rowspan="2">Ⅳ级</td><td>白色</td><td>≥450</td></tr>
<tr><td>黄色</td><td>≥175</td></tr>
<tr><td rowspan="6">雨夜反光
标线</td><td rowspan="2">干燥</td><td>白色</td><td>≥350</td></tr>
<tr><td>黄色</td><td>≥200</td></tr>
<tr><td rowspan="2">潮湿</td><td>白色</td><td>≥175</td></tr>
<tr><td>黄色</td><td>≥100</td></tr>
<tr><td rowspan="2">连续降雨</td><td>白色</td><td>≥75</td></tr>
<tr><td>黄色</td><td>≥75</td></tr>
</table>

续上表

项次	检查项目			规定值或允许偏差		检查方法和频率
6△	逆反射亮度系数 R_L ($mcd \cdot m^{-2} \cdot lx^{-1}$)	立面反光标记	干燥	白色	≥400	标线逆反射测试仪：每1km测3处，每处测9点；至少测1处
				黄色	≥350	
			潮湿	白色	≥200	
				黄色	≥175	
			连续降雨	白色	≥100	
				黄色	≥100	
7①	抗滑值(BPN)	抗滑标线		≥45		摆式摩擦系数测试仪：每1km测3处；至少测1处
		彩色防滑路面		满足设计要求		

注：①抗滑标线、彩色防滑路面测量抗滑值。

3　交通标线外观质量应符合下列规定：

交通标线线形不得出现设计要求以外的弯折。

D.1.3　波形梁钢护栏更换、增设

1　波形梁钢护栏更换、增设应符合下列基本要求：

(1)波形梁钢护栏产品应符合现行《波形梁钢护栏》(GB/T 31439)的规定，并不低于原有护栏防撞等级，做好前后顺接过渡。

(2)波形梁钢护栏各构件的安装应满足设计要求，波形梁板、立柱和防阻块不得现场焊割和钻孔，波形梁板应沿行车方向平顺搭接。

(3)路肩和中央分隔带的土基压实度应不小于设计值。

(4)石方路段和挡土墙上护栏立柱的埋深及基础处理应满足设计要求。

(5)护栏的端头处理及护栏过渡段的处理应满足设计要求。

2　波形梁钢护栏更换、增设实测项目应符合表D.1.3的规定。

表D.1.3　波形梁钢护栏实测项目

项次	检查项目	规定值或允许偏差	检查方法和频率
1△	波形梁板基底金属厚度(mm)	符合GB/T 31439标准规定	板厚千分尺、涂层测厚仪：抽查板块数的5%；至少测1块
2△	立柱基底金属壁厚度(mm)	符合GB/T 31439标准规定	千分尺或超声波测厚仪、涂层测厚仪：抽查2%；至少测1处
3△	横梁中心高度(mm)	±20	尺量：每200m每侧测1处；至少测1处
4	立柱中距(mm)	±20	尺量：每200m每侧测1处；至少测1处
5	立柱竖直度(mm/m)	±10	垂线法：每200m每侧测1处；至少测1处

续上表

项次	检查项目	规定值或允许偏差	检查方法和频率
6	立柱外边缘距土路肩边线距离(mm)	≥250 或不小于设计值	尺量：每 200m 每侧测 1 处；至少测 1 处
7	立柱埋置深度(mm)	不小于设计值	尺量或埋深测量仪：测量立柱打入后定尺长度，每 200m 每侧测 1 处；至少测 1 处
8	螺栓终拧扭矩	±10%	扭力扳手：每 200m 每侧测 1 处；至少测 1 处

3　波形梁钢护栏更换、增设外观质量应符合下列规定：

(1)护栏各构件表面应无漏镀、露铁、擦痕。

(2)护栏线形应无凹凸、起伏现象。

D.1.4　混凝土护栏整修及过渡段增设

1　混凝土护栏整修及过渡段增设应符合下列基本要求：

(1)混凝土护栏的地基承载力应满足设计要求。

(2)混凝土护栏块件标准段、混凝土护栏起终点的几何尺寸应满足设计要求。

(3)混凝土护栏预制块件在吊装、运输、安装过程中，不得断裂。

(4)各混凝土护栏块件之间、护栏与基础之间的连接应满足设计要求。

(5)混凝土护栏的埋入深度、配筋方式及数量应满足设计要求。

(6)混凝土护栏的端头处理及护栏过渡段的处理应满足设计要求。

2　混凝土护栏整修及过渡段增设实测项目应符合表 D.1.4 的规定。

表 D.1.4　混凝土护栏及过渡段实测项目

项次	检查项目		规定值或允许偏差	检查方法和频率
1	护栏断面尺寸(mm)	高度	±10	尺量：每 200m 每侧测 1 处；至少测 1 处
		顶宽	±5	
		底宽	±5	
2	横向偏位(mm)		±20 或满足设计要求	尺量：每 200m 每侧测 1 处；至少测 1 处
3	基础厚度(mm)		±10% H①	过程检查，尺量：每 200m 每侧测 1 处；至少测 1 处
4△	护栏混凝土强度(MPa)		满足设计要求	按《公路工程质量检验评定标准　第一册　土建工程》(JTG F80/1—2017)附录 D 检测
5	混凝土护栏块件之间的错位(mm)		≤5	尺量：每 200m 每侧测 1 处；至少测 1 处

注：①H 为基础的设计厚度，以 mm 计。

3　混凝土护栏整修及过渡段增设外观质量应符合下列规定：

(1)混凝土护栏表面的蜂窝、麻面、裂缝、脱皮等缺陷面积不得超过该面面积的0.5%；深度不得超过10mm。

(2)混凝土护栏块件的损边、掉角长度每处不得超过20mm。

(3)护栏线形应无凹凸、起伏现象，并应与道路线形及两端既有护栏线形协调一致。

D.1.5　轮廓标更换、增设

1　轮廓标更换、增设应符合下列基本要求：

(1)轮廓标产品应符合现行《轮廓标》(GB/T 24970)的规定。

(2)柱式轮廓标的基础混凝土强度、基础尺寸应满足设计要求。

(3)轮廓标的布设应满足设计要求。

(4)轮廓标应安装牢固，色度性能和光度性能应满足设计要求。

2　轮廓标更换、增设实测项目应符合表D.1.5的规定。

表D.1.5　轮廓标实测项目

项次	检查项目	规定值或允许偏差	检查方法和频率
1	安装角度(°)	0~5	花杆、十字架、卷尺、万能角尺：抽查5%；至少每侧测1处
2	反射器中心高度(mm)	±20	尺量：抽查5%；至少每侧测1处
3	柱式轮廓标竖直度(mm/m)	±10	垂线法：抽查5%；至少每侧测1处

3　轮廓标更换、增设外观质量应符合下列规定：

轮廓标表面应无污损。

D.2　照明设施

1　照明设施更换、增设应符合下列基本要求：

(1)照明设备及缆线的数量、型号规格、程式应符合设计要求，部件及配件完整。

(2)照明灯具安装支架的结构尺寸、预埋件、安装方位、安装间距等应符合设计要求。

(3)照明设备及控制柜安装牢固、方位正确。

(4)按规范要求连接照明设备的保护线、信号线、电力线，且排列规整、无交叉拧绞，经过通电测试，工作状态正常。

(5)隐蔽工程验收记录、分项工程自检和设备调试记录、安装和非安装设备及附(备)件清单、有效的设备检验合格报告或证书等资料齐全。

2　照明设施更换、增设实测项目应符合表D.2的规定。

表 D.2　照明设施实测项目

项次	检 查 项 目	规 定 值	检 查 方 法
1	灯具安装偏差(mm)	符合设计要求；无要求时：纵向≤30，横向≤20，高度≤10	经纬仪或量尺测量
2△	绝缘电阻(MΩ)	强电端子对机壳≥50	500V 兆欧表测量
3△	控制柜安全保护接地电阻(Ω)	≤4	接地电阻测量仪
4△	防雷接地电阻(Ω)	≤10	接地电阻测量仪
5	灯具启动时间的可调性	照明回路组的启动时间间隔可调、可控	实际操作
6△	启动、停止方式	可自动、手动两种方式控制全部或部分照明器的启动、停止	实际操作
7△	照度(入口段、过渡段、中间段)	符合设计要求	亮度计、照度计
8	照度总均匀度、纵向均匀度	符合设计要求	亮度计、照度计
9	应急照明	双路供电照明系统，主供电路停电时，应自动切换到备用供电线路上	模拟操作

3　照明设施更换、增设外观质量应符合下列规定：

(1)照明灯具安装稳固、位置正确，灯具轮廓线形与隧道协调、美观。

(2)照明设备的电力线、信号线、接地线端头制作规范；按设计要求采取线缆保护措施、布线排列整齐美观、安装固定符合要求、标识清楚。

(3)设备表面光泽一致，无划伤、无刻痕、无剥落、无锈蚀。

(4)控制柜内布线整齐、美观、绑扎牢固，接线端头焊(压)接牢固、平滑；编号标识清楚，预留长度适当；柜门开关灵活、出线孔密封措施得当，机箱内无积水、无霉变、无明显尘土，表面无锈蚀。

(5)照明灯具应发光均匀、无刺眼的眩光。

D.3　通风设施

1　通风设施更换、增设应符合下列基本要求：

(1)通风设备及缆线的数量、型号规格、程式应符合设计要求，部件及配件完整。

(2)通风设备安装支架的结构尺寸、预埋件、安装方位、安装间距等应符合设计要求，并附拉拔试验报告。

(3)通风设备安装牢固、方位正确。

(4)按规范要求连接通风设备的保护线、信号线、电力线，且排列规整、无交叉拧绞，经过通电测试，工作状态正常。

(5)隐蔽工程验收记录、分项工程自检和设备调试记录、安装和非安装设备及附(备)件清单、有效的设备检验合格报告或证书等资料齐全。

2 通风设施更换、增设实测项目应符合表 D.3 的规定。

表 D.3 通风设施实测项目

项次	检查项目	规定值	检查方法
1	安装误差	符合设计要求	经纬仪或量尺测量
2△	净空高度	符合设计要求	经纬仪或量尺测量
3△	绝缘电阻(MΩ)	强电端子对机壳≥50	500V 兆欧表测量
4△	控制柜安全保护接地电阻(Ω)	≤4	接地电阻测量仪
5△	防雷接地电阻(Ω)	≤10	接地电阻测量仪
6△	风机运转时隧道断面平均风速	符合设计要求	风速仪实测
7	风机全速运转时隧道噪声	符合设计要求	声级计实测
8	响应时间	发送控制命令后至风机启动带动叶轮转动时的时间，≤5s 或符合设计要求	实际操作
9	方向可控性	接收手动、自动控制信号改变通风方向	实际操作
10	运行方式	风机具有手动、自动两种运行方式以控制风机的启动、停止、方向和风量	实际操作
11	本地/远程控制模式	自动运行方式下，接收本地控制器或计算机控制系统的控制，控制风机启动、停止与方向、风量	实际操作

3 通风设施更换、增设外观质量应符合下列规定：

(1)通风设备安装稳固、位置正确。

(2)通风设备的电力线、信号线、接地线端头制作规范；按设计要求采取线缆保护措施、布线排列整齐美观、安装固定、标识清楚。

(3)设备表面光泽一致，无划伤、无刻痕、无剥落、无锈蚀。

(4)控制柜内布线整齐、美观、绑扎牢固，接线端头焊(压)接牢固、平滑；编号标识清楚，预留长度适当；柜门开关灵活、出线孔密封措施得当，机箱内无积水、无霉变、无明显尘土，表面无锈蚀。

附录 E　典型处治示例

E.1　交通安全设施

E.1.1　典型问题及处治示例

1　隧道交通标志、轮廓标等缺失，如图 E.1.1-1 所示。

a)消防设备指示标志缺失

b)检修道轮廓标缺失

图 E.1.1-1　交通安全设施缺失示例

处治措施：应按照本指南检查项目清单技术要求增补设施。

2　隧道交通安全设施脏污、遮挡和损坏、视认性差等，使用性能欠佳，如图 E.1.1-2 所示。

a)轮廓标脏污

b)灭火器标志脏污

图　E.1.1-2

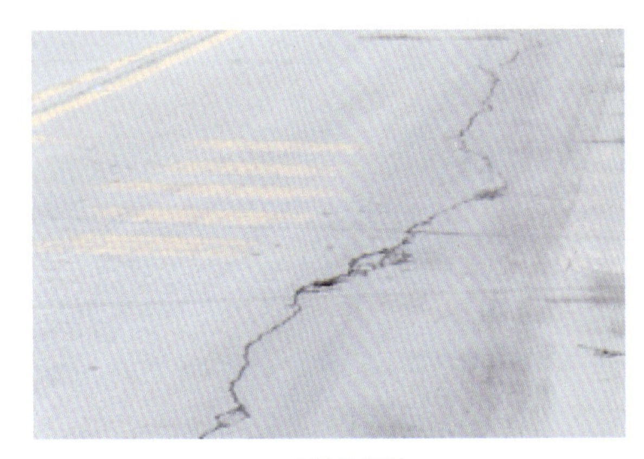

c) 标线磨损

d) 标志相互遮挡

e) 电光标志照明损坏

f) 轮廓标损坏

图 E. 1. 1-2　交通安全设施使用性能欠佳示例

处治措施：应按照本指南检查项目清单技术要求对交通安全设施进行清洁、更换或修复、调整，处治效果如图 E. 1. 1-3 所示。

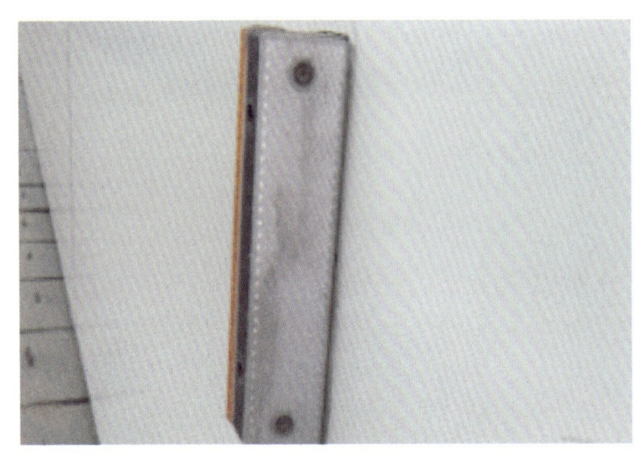

a) 轮廓标反射面无明显脏污

b) 标志版面清洁，视认性好

图　E. 1. 1-3

c）标线无磨损

d）标志间无遮挡

e）电光标志功能正常

f）轮廓标无缺失损坏

图 E. 1. 1-3　交通安全设施使用性能欠佳处治示例

3　隧道交通标志版面、设置位置不满足本指南技术要求，如图 E. 1. 1-4 所示。

a）消防设备指示标志设置位置错误

b）疏散指示标志缺少距离信息

图 E. 1. 1-4　交通安全设施设置不满足本指南技术要求示例

处治措施：应按照本指南检查项目清单技术要求对交通标志进行更换和调整，如图 E. 1. 1-5 所示。

4　隧道入口护栏过渡段欠佳，如图 E. 1. 1-6 所示。

处治措施：应按照本指南检查项目清单技术要求对入口过渡段进行处理，处治示例如图 E. 1. 1-7 所示。

a）消防设备指示标志设置示意

b）疏散标志版面设置示意

图 E.1.1-5　交通安全设施设置不满足要求处治示例

a）隧道洞口未设置护栏过渡段

b）隧道洞口端墙未进行防护

c）隧道护栏过渡段未延伸至检修道

d）隧道护栏长度小于护栏最小结构长度

图 E.1.1-6　隧道入口过渡段欠佳示例

图 E. 1. 1-7　隧道入口过渡段处治示例

5　洞口接线段护栏端头处治欠佳，如图 E. 1. 1-8 所示。

图 E. 1. 1-8　隧道护栏端头处治欠佳示例

处治措施：应按照现行规范对护栏端头进行外展或缓冲处理，如图 E. 1. 1-9 所示。

图 E. 1. 1-9　护栏端头处治示例

E. 1. 2　其他鼓励措施示例

1　隧道突起路标和振动标线设置示例，如图 E. 1. 2-1 所示。

图 E. 1. 2-1　突起路标和振动标线设置示例

2　隧道电光标志设置示例，如图 E. 1. 2-2 所示。

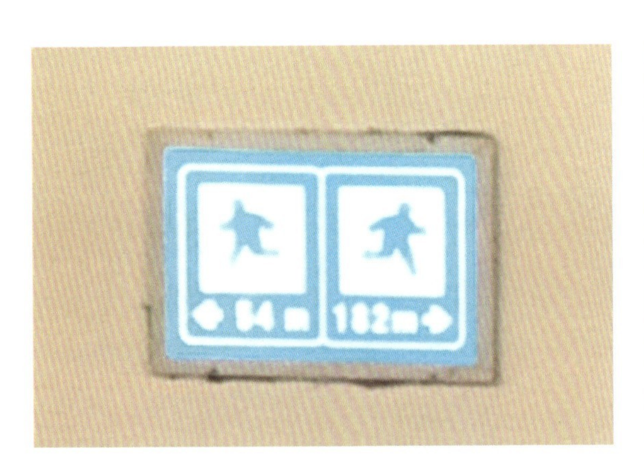

图 E. 1. 2-2　隧道电光标志设置示例

3　隧道出口方向护栏与隧道侧壁搭接示例，如图 E. 1. 2-3 所示。

4　隧道入口纵向和横向减速标线示例，如图 E. 1. 2-4 所示。

图 E.1.2-3　隧道出口方向护栏与隧道侧壁搭接示例

图 E.1.2-4　隧道入口纵向和横向减速标线示例

E.2　机电设施

E.2.1　照明设施提质升级示例

1　隧道基本技术指标确定

某隧道基本情况：隧道长 2 500m，设计速度为 $v = 80$km/h，双洞四车道，为山岭重丘区一级公路隧道。单洞年平均日交通量为 15 000 辆/d，根据附录 B.1.2 中小时交通量系数，可计算小时交通量为 1 800veh/h，单车道小时交通量为 900veh/(h · ln)。

2　隧道照明指标参数选取

(1)依据表 B.1.2-1，可查隧道入口段亮度折减系数 $k = 0.0315$。

(2)依据表 B.1.2-2，可查隧道洞外亮度 L_{20}(S) = 3 000cd/m^2。

(3)依据表 B.1.2-3，可查隧道中间段平均亮度 $L_{in} \geq 2.5$cd/m^2。

(4)依据表 B.1.2-4，可查路面亮度总均匀度 $U_0 \geq 0.365$。

(5)依据表 B.1.2-5，可查路面中线亮度纵向均匀度 $U_1 \geq 0.565$。

3　应达到的隧道照明亮度计算

(1)中间段亮度，根据交通量查表取值2.5cd/m²。

(2)入口段亮度：

$L_{th1}=k\times L_{20}(S)=0.0315\times 3000cd/m^2=94.5cd/m^2$

$L_{th2}=0.5\times k\times L_{20}(S)=0.5\times 0.0315\times 3000cd/m^2=47.25cd/m^2$

(3)过渡段亮度：

$L_{tr1}=0.15\times L_{th1}=0.15\times 94.5cd/m^2=14.2cd/m^2$

$L_{tr2}=0.05\times L_{th1}=0.05\times 94.5cd/m^2=4.7cd/m^2$

$L_{tr3}=0.02\times L_{th1}=0.02\times 94.5cd/m^2=1.9cd/m^2<2.5cd/m^2$，可不设置过渡段3。

(4)出口段亮度：

$L_{ex1}=3\times L_{in}=3\times 2.5cd/m^2=7.5cd/m^2$

$L_{ex2}=5\times L_{in}=5\times 2.5cd/m^2=12.5cd/m^2$

4　隧道实际照明亮度检测

总均匀度和纵向均匀度可参考附录B.1.2中均匀度计算方法。各照明段落设计亮度与实测亮度对比见表E.2.1。

表E.2.1　各照明段落设计亮度与实测亮度对比(单位：cd/m²)

照明段落	应达到的路面亮度值	实测和计算值			结果判定
		现场实测亮度	总均匀度	纵向均匀度	
入口段1	94.5	71.85	0.506	0.864	亮度不合格
入口段2	47.25	—	—	—	—
过渡段1	14.2	24.11	0.599	0.918	合格
过渡段2	4.7	9.74	0.590	0.794	合格
出口段1	7.5	—	—	—	—
出口段2	12.5	9.56	0.635	0.876	亮度不合格
中间段	2.5	1.97	0.696	0.811	亮度不合格

由上表可知，除过渡段达到现状交通量要求的亮度之外，其余各照明段均不满足要求。

5　提质升级方案确定

照明亮度不满足要求时，可增加灯具布设数量或更换功率更大的灯具。主要改造方案如下。

(1)原位增设灯具方案：不满足亮度要求时在灯具原位增设LED灯具。

(2)间隔增设灯具方案：不满足亮度要求时在灯具间隔插一盏LED灯具。

(3)移动灯具方案：调整布灯间距，后续数量不足再新增灯具。

E.2.2　照明设施提质升级示例

(1)隧道照明设施完备性、照明亮度不足改造

隧道照明设施存在缺失或亮度不足的(图E.2.2-1)，应根据检查项目清单技术要求进行补全和升级(图E.2.2-2)。

a)隧道照明设施缺失

b)隧道照明亮度不足

图E.2.2-1　隧道照明设施完备性、照明亮度不足示例

a)隧道照明设施增补

b)隧道照明亮度改造

图E.2.2-2　隧道照明设施增设、改造示例

(2)隧道照明灯具损坏、集灰或油污修复

隧道照明灯具损坏(图E.2.2-3)时应进行维修，被超限车剐蹭的灯具通过固定维修保证照明角度，灯罩破损的灯具应更换灯罩(图E.2.2-4)。

a)隧道照明灯具斜歪

b)隧道灯具灯罩破损

图 E. 2. 2-3　隧道照明灯具损坏示例

a)隧道照明灯具固定

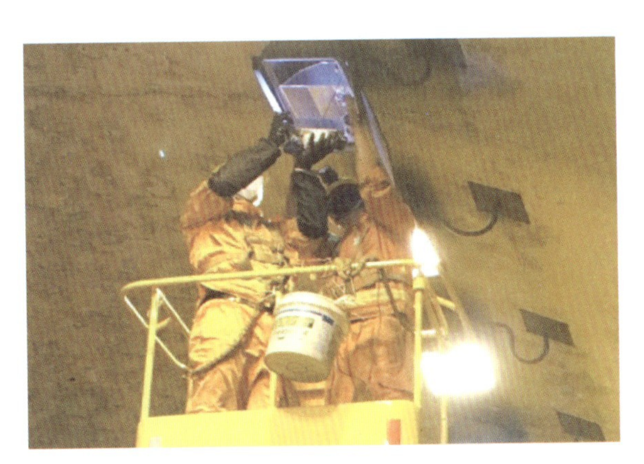

b)隧道灯具灯罩更换

图 E. 2. 2-4　隧道照明灯具修复示例

(3)隧道侧壁清洗、敷设瓷砖或装饰板

隧道侧壁清洗、敷设瓷砖或装饰板示例如图 E. 2. 2-5 所示。

a)隧道侧壁清洗

b)隧道侧壁增设装饰板

图 E. 2. 2-5　隧道侧壁清洗、敷设瓷砖或装饰板示例

E. 2. 3　通风设施处治示例

（1）隧道通风设施损坏修复

隧道通风设施损坏，被超限车剐蹭的风机和被腐蚀的风机预埋件，如图 E. 2. 3-1 所示。应对通风设施进行维修，如图 E. 2. 3-2 所示。

a）隧道通风设施损坏

b）隧道风机预埋件腐蚀

图 E. 2. 3-1　隧道通风设施损坏示例

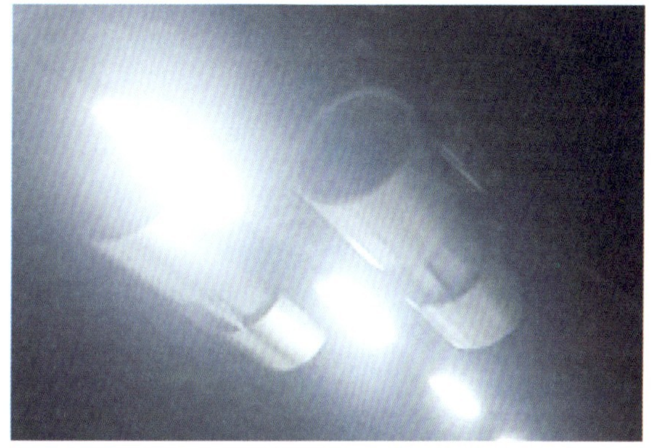

图 E. 2. 3-2　隧道通风设施维修示例

E. 2. 4　可变信息标志显示故障处治示例

隧道可变信息标志显示故障，无法按控制要求显示内容，应对设施进行维修，如图 E. 2. 4 所示。

a) 隧道可变信息标志显示故障

b) 隧道可变信息标志功能修复

图 E. 2. 4　隧道可变信息标志故障修复示例

E. 3　土建结构

(1) 裂缝病害处治

隧道衬砌表面裂缝，采用钻孔注浆封闭处理，如图 E. 3-1 所示。

a) 隧道衬砌表面裂缝

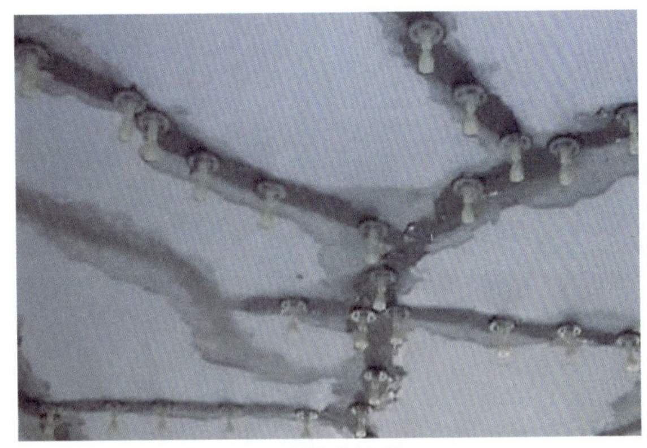

b) 钻孔注浆

图 E. 3-1　衬砌裂缝病害处治示例

(2) 渗漏水病害处治

隧道拱部出现漏水，采用环向凿槽埋管引排处理，如图 E. 3-2 所示。

a) 隧道拱部漏水

b) 环向凿槽埋管引排

图 E. 3-2　渗漏水病害处治示例

(3)衬砌欠厚病害处治

隧道拱部衬砌厚度不足且存在部分脱空，采用环向贴钢带加固处理，如图 E. 3-3 所示。

a)隧道衬砌厚度不足

b)环向贴钢带加固

图 E. 3-3　衬砌欠厚病害处治示例

附　促进公路隧道提质升级行动方案

为加快推进公路隧道提质升级，更好地为公众安全便捷出行服务，制定如下行动方案。

一、补齐隧道交通工程与附属设施短板

（一）完善公路隧道照明设施。在役隧道要严格按照《公路隧道设计规范　第二册　交通工程与附属设施》（JTG D70/2—2014）、《公路隧道照明设计细则》（JTG/T D70/2-01—2014）等相关标准规范，以及部制定的公路隧道提质升级行动技术指南，全面排查公路隧道照明设施设置情况，满足规范设置要求的隧道均应设置照明设施，确保符合条件的隧道照明设施全覆盖；依据《公路隧道养护技术规范》（JTG H12—2015）进行隧道照明设施维护，按照设计文件和运营手册等要求，详细排查公路隧道照明设施运行状态，对于故障、失效和性能严重衰减的设施及时维护或更换，确保隧道照明设施功能完备、运行可靠。

（二）完善公路隧道通风设施。在役隧道要严格按照《公路隧道设计规范　第二册　交通工程与附属设施》（JTG D70/2—2014）、《公路隧道通风设计细则》（JTG/T D70/2-02—2014）等相关标准规范，以及部制定的公路隧道提质升级行动技术指南，全面排查公路隧道通风设施设置情况，满足规范设置要求的隧道均应设置通风设施；依据《公路隧道养护技术规范》（JTG H12—2015）进行隧道通风设施维护，按照运营规范或手册等要求检查隧道通风设施运行状态，确保通风设施远程/本地可控、运行可靠。

（三）完善公路隧道交通安全设施。在役隧道要严格按照《公路隧道设计规范　第二册　交通工程与附属设施》（JTG D70/2—2014）、《公路交通安全设施设计规范》（JTG D81—2017）等相关标准规范，以及部制定的公路隧道提质升级行动技术指南，全面排查隧道交通安全设施和隧道洞口护栏等安全防护设施配置情况，完善公路隧道交通安全设施，确保隧道洞口横断面变化过渡衔接有效，标志标线清晰、设置合理。同时，结合实际运营情况对包括公路隧道监控、消防等其他交通工程与附属设施进行完善。

二、推进在役公路隧道土建结构改造

（四）立即开展公路隧道土建结构病害普查与评估。结合在役公路隧道实际运营状

况，根据《公路隧道养护技术规范》(JTG H12—2015)等相关标准规范，以及部制定的公路隧道提质升级行动技术指南，组织开展隧道土建结构病害检查工作，查清在役公路隧道衬砌、路面、检修道、排水设施等土建结构病害的类型、范围、程度及成因。根据检查结果，评估隧道土建结构技术及安全状况，全面掌握隧道土建结构运营现状，确保安全可控。

(五)分类开展公路隧道病害处治。对公路隧道病害类型及程度进行分类，根据隧道土建结构病害状况，综合考虑隧道地形、地质、生态环境及运营和施工条件，按照安全、经济、快速、合理的原则，制定针对性的隧道病害处治方案，按危害程度分类开展病害处治，消除结构病害，维持结构良好技术状况。

三、强化公路隧道交(竣)工验收

(六)严格在建公路隧道验收。在建隧道验收要按照《交通运输部办公厅关于公路工程验收执行新版公路工程质量检验评定标准有关事宜的通知》(交办公路〔2018〕136号)要求开展验收工作。2018 年 5 月 1 日起开展公路工程施工招标的项目必须严格按照《公路工程质量检验评定标准　第一册　土建工程》(JTG F80/1—2017)等相关标准进行质量检测评估，不符合要求的，不得通车运行。

(七)督促完成公路隧道交(竣)工验收。对于交通运输部门建设的尚未进行交(竣)工验收的在用隧道，各省级交通运输主管部门要开展建设程序、设施条件、运行风险等专项排查。尚不具备交(竣)工验收条件的，应协调当地政府组织有关部门开展通车安全条件论证，坚决杜绝不具备条件的隧道通车运行。同时，应督促项目法人查明影响交(竣)工验收的原因，本着“严格程序、实事求是”的原则，立即开展整治，尽快完成交(竣)工验收。对于其他部门建设的公路隧道，各省级交通运输主管部门要依据公路工程标准规范，组织产权单位开展隧道安全风险评估和隐患排查。存在安全隐患的，立即下发整改函，督促产权单位进行整改，必要时报请省级人民政府同意，实施约谈、挂牌督办、关闭等措施。整改合格后，督促产权单位尽快完成交(竣)工验收，明确隧道管养单位和相应职责。

四、工作要求

(八)提高思想认识。公路隧道是公路网的控制性工程，安全风险高、通行需求大。按照标准规范，完善公路隧道交通工程与附属设施，分类处治公路隧道病害，为社会公众提供安全、便捷、舒适、高效的公路隧道出行服务，是交通运输部门坚持以人民为中心发展思想的重要体现，也是交通运输部门的重要职责和应尽义务。各级交通运输主管部门和收费公路经营管理单位要提高思想认识，高度重视，站在建设交通强国的高度，把公路隧道提质升级工作纳入工作重点，根据轻重缓急统筹安排，精心组织，确保按期完成专项行动。

（九）加强组织领导。部将成立专项工作组，负责公路隧道升级改造的指导协调、督导检查工作。各省级交通运输主管部门要按照本行动方案要求，成立由分管领导负责的领导小组，分解落实工作任务，细化工作措施，精心组织有关单位共同推动行动方案有序开展，及时协调解决实施过程中的问题。

（十）明确工作重点。准备阶段：部组织有关单位在标准规范基础上，制定公路隧道提质升级行动技术指南，于2019年2月底前印发；各省级交通运输主管部门要按照行动方案要求，组织有关单位，拟定资金预算和工作计划，根据技术指南要求，开展公路隧道排查，制定本地区行动方案（样例见附件1），提出本地区公路隧道升级改造清单，于2019年4月底前报部。实施阶段：各省级交通运输主管部门指导有关单位抓紧完善以照明、通风、交通安全设施等为重点的公路隧道交通工程与附属设施，于2019年12月底前基本完成（同步开展土建结构病害处治的隧道除外）；推进高速公路和普通国道公路隧道土建结构病害处治、督促公路隧道交（竣）工验收、对其他部门建设的隧道进行排查、评估和整改，于2020年11月底前完成。普通省道和农村公路隧道土建结构病害处治应结合工程改扩建、养护工程计划逐步开展。总结阶段：各省级交通运输主管部门提交本地区行动方案总结，于2020年12月底报部。

（十一）强化统筹推进。各省级交通运输主管部门要针对当前公路隧道建设养护管理中突出问题，切实把提质升级行动方案与在建公路隧道质量安全专项整治行动、公路隧道入口段行车安全自查自纠、公路隧道安全风险防控专项行动等工作结合起来，切实把专项治理与系统治理、综合治理、源头治理结合起来，切实把提升公路隧道服务水平与公路交通数字化、网络化、智能化结合起来。

（十二）加强资金保障。各地要积极筹措资金，及时申请预算，收费公路隧道升级改造资金从车辆通行费中列支，各级交通运输主管部门要督促收费经营管理单位将隧道升级改造纳入2019—2020年度资金计划。普通公路隧道交通工程与附属设施完善和普通国道隧道土建结构病害处治资金按照“省负总责，部省共担”原则，地方积极筹措资金，部按照有关规定安排补助。普通省道和农村公路隧道土建结构病害处治资金以地方为主，多渠道筹集资金解决。实施过程中，严格资金使用管理，充分发挥资金效益。

（十三）加强技术支持。公路隧道提质升级工作涉及广、专业多、难度大、要求高，是一项系统工程。为保证工作实效，部委托公路科学研究院、招商局重庆交通科研设计院有限公司作为技术支持单位，加强技术指导，提供技术支撑。各省级交通运输主管部门也要委托相关技术单位，加强技术指导。部技术支持单位要深入现场，积极配合各级交通运输主管部门和隧道运营管理单位，及时研究解决重大技术问题。部将进一步完善隧道技术标准体系，加快制修订《公路工程质量检验评定标准　第二册　机电工程》和《公路机电设施养护技术规范》，为公路隧道提质升级工作实施提供支撑。

（十四）强化督导检查。各省级交通运输主管部门要加强对行动方案落实情况的督查督办，建立工作任务台账，注重加强工作进度督查和工作效果评估总结，自 2019 年 3 月起至 2020 年 12 月底前按季度向部报送工作推进情况（附件 2）。同时确定工作联络员，并于 2019 年 1 月 31 日前报部。部将根据各地工作实时进展，适时组织专项工作组和技术支持单位开展督导，强化动态跟踪和技术指导，确保工作任务落实到位。

（十五）确保安全畅通。各省级交通运输主管部门要建立健全质量管理体系，对检测排查、方案设计、施工组织等关键环节，加大监管力度，选择有经验的设计单位，建立完善设计文件审查制度，注重细节处理，确保工程质量。要加强安全保障，深入研究施工安全措施及施工期间的交通组织措施，根据需要采取分时段、分路段集中实施，降低对路网运行的影响，确保车辆行驶安全和作业人员安全。

（十六）加强运营维护。隧道设施升级改造和病害整治工作完成后，运营单位要依据《公路隧道养护技术规范》（JTG H12—2015）、运营规范或手册等要求加强隧道土建结构、交通工程及附属设施检查和日常维护，加大设施后续保养维护资金投入力度，避免出现因维护不足导致设施损坏、闲置的情况，确保设施运行正常、可靠耐久。

附件1

××省(区、市)公路隧道提质升级行动方案

（样例）

《行动方案》应包含但不限于以下内容：

一、基本情况：在役隧道的土建结构情况、交通安全设施情况，未进行交(竣)工验收的已通车隧道的情况等，并提出公路隧道升级改造清单。

二、工作目标：包含总体工作目标，各阶段各项工作任务的具体工作量和工作目标等。

三、工作机制：包括领导小组，工作组的组成情况以及工作责任分工的情况，并注明联系方式，包括座机手机等。

四、实施步骤：包括各项任务细化分解情况、时间节点、牵头单位、配合单位等。

五、保障措施：包括资金保障、技术保障和人员保障等。

附件2

工作任务推进情况表

________省(区、市)交通运输厅(局、委)(盖章)　　　　　　______年______月

序号	项　　目	工作进展	完成百分比	备注(存在问题及建议等)
1	行动方案制定			
2	交通工程与附属设施调查评估			
3	资金落实			
4	设计文件编制			
5	施工招投标			
6	组织施工			
	公路隧道照明设施			
	公路隧道通风设施			
	公路隧道交通安全设施			
	公路隧道其他交通工程与附属设施			
7	公路隧道土建结构病害普查与评估			
8	资金落实